2019
中国企业“走出去”风险发布会记录

主　编◎沈开涛
副主编◎刘小军　张爱祥
纪　林　原　越
崔　敬　纪嘉毅

对外经济贸易大学出版社
中国·北京

图书在版编目（CIP）数据

2019 中国企业“走出去”风险发布会记录／沈开涛主编. —北京：对外经济贸易大学出版社，2020. 10

ISBN 978-7-5663-2209-8

Ⅰ. ①2… Ⅱ. ①沈… Ⅲ. ①企业-对外投资-风险分析-中国-2019 Ⅳ. ①F279. 247

中国版本图书馆 CIP 数据核字（2020）第 188979 号

审图号：GS（2020）520 号

2019 中国企业“走出去”风险发布会记录

沈开涛 **主编**

责任编辑：汪　洋

出版发行：对外经济贸易大学出版社
社　　址：北京市朝阳区惠新东街 10 号
网　　址：www. uibep. com
资源网址：www. uibepresources. com
邮政编码：100029
邮购电话：010-64492338
发行部电话：010-64492342
E-mail：uibep@ 126. com

成品尺寸：185mm×260mm
印　　张：9. 25
字　　数：186 千字
ISBN 978-7-5663-2209-8
印　　刷：北京时代华都印刷有限公司
版　　次：2020 年 10 月北京第 1 版
印　　次：2020 年 10 月第 1 次印刷
定　　价：134. 00 元

代序 1
把风险发布会办成共商共建共享的大舞台

——江泰国际合作联盟、江泰全球救援联盟主席沈开涛在 2019 中国企业“走出去”风险发布会上的致辞

尊敬的胡卫平会长，
尊敬的各位来宾、各国专家，
女士们、先生们、新闻界的朋友们，
搜狐网、优投网的网友们：

前四届中国企业“走出去”风险发布会分别在上海、北京、南京和珠海举办，今年第五届发布会又回到了北京。发布会的连续举办获得了社会各界的高度关注，越来越多的省市发改、商务等部门领导亲自带队组团参加，一些外国驻华使馆把参会列入商务工作的重大事项，众多媒体更是全程参与报道。五年来，发布会共邀请了 256 位来自全球的风险发布嘉宾，共有 4 670 多家企业、协会和政府机构的一万余名嘉宾参会，观看网络直播的网民累计达 2 100 万人次，百余家国内外媒体广泛报道，成为国内规模最大的“一带一路”民间活动。发布会的成功举办离不开国内外方方面面的支持。同时，各方面也对风险发布会寄予期待，我们感到责任重大！

当今世界正处于“百年未有之大变局”。近年来，部分发达国家开始转向贸易保护主义、经济民族主义等，中国则大力提倡进一步的全球化，并加快了自身开放的步伐。中国作为世界第二大经济体，在诸多不确定性中稳步前行，展现了大国担当。风险发布会举办五年来，共建“一带一路”引领效应持续释放，与沿线国家的经贸往来日益深入，互利共赢的模式深入人心。同时，中国企业对外投资面临的各种风险明显增多，尤其是逆全球化思潮、中美贸易摩擦、科技竞争政治化等非传统风险高度叠加，考验着中国政府和企业识别、处置、管理风险的能力。

女士们，先生们：

习近平主席强调：“要坚持共商共建共享的原则，使关于全球治理体系变革的主张转化为各方共识，形成一致行动。”我作为江泰国际合作联盟、全球救援联盟的主席，以善良之初心，致力于为中国企业和公民“走出去”提供风险管控的全球服务，以实

际行动响应习近平主席的号召，努力把风险发布会办成“共商、共建、共享”的大舞台。

一是共商投资与安全的民间合作。尽管“一带一路”沿线国家合作机制不断健全，但只有政府之间的高层对话还远远不够。为什么这么讲？因为“一带一路”倡议已经从“大写意”发展到了“工笔画”的阶段，走出去的民营企业成为主力军，与第三方合作成为趋势，优先与当地企业对接成为必需。这些利益主体之间不仅要遵循市场规则平等竞争，还要相互包容，共担风险。所以他们特别希望开展民间性、公益性和专业性的对话与合作，加强交流，增强共识，促进互惠互利的融合。为此，风险发布会主办方聚焦一个个风险热点和投资难点，精心设计各类主题论坛与合作洽谈，并且在多个互联网平台上直播，为国内外参会嘉宾和会场外的关注者营造共商投资与安全的对话及合作空间。

二是共建“一带一路”综合服务平台。五年来，中国企业“走出去”风险发布会已经成为解决境外风险识别的全球化线下平台，而围绕这一平台生态化建设的“优投”“大救星”跨境电商，则成为解决中国企业和公民“走出去”安保问题和化解纠纷的线上平台。去年和今年“两会”期间，一些代表呼吁尽快建立“一带一路”综合服务平台。我认为，线上和线下相结合的风险发布会生态圈，就是一个综合服务平台。在这个大平台上，现在有200多个政府的商务部门、外国驻华使馆和投资促进机构，有上千家中国企业会员，有遍布全球200多个国家和地区的专业服务商和园区，有活跃在世界540个城市的双语星使。平台不仅实现了发布商机、寻找商机和落地商机的协同服务，还提供专业化、本地化的风险管控服务。我相信，在市场化运作的推动下，在科技整合资源的引领下，在全球参与者的共同打造下，未来综合服务平台的功能和资源会更加强大。

三是共享投资信息与风险管控经验。2019年，中国面临严峻的国内外经济形势，众多的民营企业看好“走出去”的商机。同时，传统风险和非传统风险明显增加。本届风险发布会邀请了全球法律、税务、会计、公关、旅行、救援等领域专家到场发布权威信息，持续发布中国企业和公民全球风险指引，新设置了圆桌对话活动，开辟了商机对接专场，参会人员不仅能获得权威风险信息和专业管控办法，还可以与外国驻华大使以及境外园区负责人面对面交流，分享投资商机与经验。

女士们、先生们：

中国企业“走出去”风险发布会是江泰的一份善良之初心，这是因为我们相信“一带一路”倡议是建设人类命运共同体的伟大实践，因为我们相信民营企业能够在“一带一路”建设中发挥更大的作用，因为我们相信“两个联盟、一个风险发布会、两个跨境电商平台”的综合服务平台会越来越好，相信比看见更“金贵”！谢谢！

代序2
风险发布会成为共建“一带一路”倡议重要窗口

——中国产业海外发展协会会长　胡卫平

尊敬的沈开涛董事长，

尊敬的各国贵宾、各国来宾，

女士们、先生们、同志们、朋友们：

江泰两个国际性联盟并肩携手，在每年的春天举行风险发布会，这已经成为一项重要的机制性安排和颇具影响力的全球性的专题年会。从风险发布会累积的实际效果看，首先它是推进习近平主席共建“一带一路”倡议的重要窗口。二是成为讲好中国故事，传递中国声音，分享中国机遇的重要平台。三是成为企业了解和认知“走出去”可能遇到的安保风险、权益纠纷的重要途径。四是为海外中资企业管控安全风险，处置涉外争端，构筑起覆盖全球的救援服务网络系统以及专业化的联盟体系。五是通过聚焦培育和广泛传导风险发布+专业论坛的模式，功能实效在不断增强，信息容量愈加丰厚，影响力更是逐年扩大。

五年来，会议吸引了各国的企业家代表，参会人次有2 000多万，有250多位各方的资深专家、学者来发表演讲，以及百余家海内外主流媒体进行全景式的报道，为中国海内外企业多方位认识海外的风险、应对突发事件和实施救援等发挥了独特的宣传推介和引导作用。

我们看到，中国企业“走出去”风险发布会已连续举办了五届，我们中国产业海外发展协会举办的对外投资洽谈会连续举办了十届。两个会议的特点，都是为企业“走出去”发展提供专业性服务，都是经济类型的大型的活动平台。经历多年的打磨锤炼，它不仅已经成为社会化公共服务的平台和产品，而且也已经成为专题性会议以及论坛的平台。我们热情欢迎海内外企业和资深人士，包括著名学者踏上我们的平台，与来自全球的风险专家，投资服务和救援服务、安保以及法律服务方面的专家，一起分享您的智慧和真知灼见，相信一定会给您带来一个完全不一样的收获和成果。

春暖花开，万物竞发。上个周末刚刚闭幕的全国两会上，中国推出了一系列的积极务实的政策和促进经济稳定发展的办法，向世界展示了我国注重高质量发展，注重对外快速和坚定自信的姿态。李克强总理在政府工作报告中提出了今年的十项重大任务，通过大规模的减税降费，以及新的一些举措的实施，充分释放和激发市场活力和社会的创造力。同时，重申要继续推进高水平的对外发展，更加注重规则和制度的设计，持续大幅放宽市场准入，让负面清单越来越薄，营造一流的营商环境，着力构造构建开放型的经济新体制。

例如，《中华人民共和国外商投资法》已经高票获得通过，这是我国外商投资领域的第一部基础性的法律。这个法律将从 2020 年 1 月 1 日起开始实施，它传递出了中国积极与世界各国携手发展的真诚愿望。中国经济从高速增长转向高质量发展，经济增速有一些回落，遇到一些新的下行压力，加上中美贸易摩擦等外部诸多不确定因素，主动适度调节经济发展目标，实质是区间性的宏观调控政策的体现。中国作为世界第二大经济体，2018 年经济增长了 6.6%，总量突破了 90 万亿元大关。即使 2019 年增速定在 6%到 6.5%，也将是全球最大的经济增量，李克强总理在 3 月 15 日全国两会闭幕后，会见中外记者时指出，经济是一个重要的稳定之锚，我们不会让经济运行滑出合理区间，中国经济会始终发挥世界经济稳定之锚的作用。面向全球市场发出了积极明确稳定的信号，并展示了中国的信心。

各位来宾：

中国经济前景广阔，市场潜力巨大，制度环境优越，特别是有近 14 亿人的巨大消费市场和实现梦想生活的巨大需求，这使我国经济具有强大的韧性和极其宽阔持续的发展空间。希望海内外投资者通过中国企业“走出去”风险发布会这个平台，深度把握和融入中国经济发展的节奏和脉络，共享新一轮高水平改革开放和经济发展的新机遇。让我们踏着春天的脚步，共同创造美好的新时代！

代序3
如何解决好民营企业出海的问题

——中华全国工商业联合会副主席　王永庆

尊敬的各位驻华使节，
尊敬的各位来宾，
女士们、先生们，朋友们：

大家上午好！

今年是习近平主席提出"一带一路"倡议的第六个年头。六年来，"一带一路"倡议秉承共商、共建、共享原则，为区域经济发展和改善民生注入了强大动力，已经成为当今世界规模最大的合作平台，也是最受欢迎的公共产品，正向高质量合作稳步发展。刚刚结束的中国两会也再次宣誓了中国坚持改革开放、支持经济全球化、携手构建开放型的世界经济的决心。全国工商联是以联系民营企业为主的人民团体和商会组织，致力于引导和服务民营企业"走出去"，参与"一带一路"建设。近年来，中国民营经济的发展为中国贡献了50%以上的税收，60%以上的国内生产总值，70%以上的技术创新成果，80%以上的城镇劳动就业，90%以上的企业数量。同时，其海外投资占我国非金融类对外投资的60%，已经成为参与"一带一路"建设的主力军，并呈现出参与热情越来越高、步伐越来越快、投资地区越来越广、投资领域越来越宽、规模越来越大、影响力越来越强的局面。

与此同时，我们清楚地知道当今世界正处于"百年未有之大变局"，民营企业"走出去"开展国际合作既充满着机遇，也充满了挑战。特别是民营企业对各国投资的政策、环境不了解不熟悉，一定程度上限制了对外投资的主动性和积极性。各国的驻华使领馆是扩大往来的重要渠道，掌握着大量的关于本国产业对接、项目合作、签证等政策信息，可以为民营企业开展国际合作提供真实有效的第一手投资信息，这也是我们举办这场活动的目的所在。

回顾过去，中国企业与各国的经贸交流合作，与各国的驻华使领馆的参与和协调密不可分。展望未来，中国企业尤其是民营企业与各国经贸合作的稳步高质量发展更离不开驻华使领馆的推动和助力。希望在座的各位驻华使节，进一步发挥桥梁纽带作用，多宣传推介中国的民营企业。同时也多为中国的民营企业提供贵国的投资政策信息及必要的帮助，进一步促进中国民营企业与贵国的贸易投资领域的合作。

女士们、先生们，朋友们：

今天各位驻华使节与中国各位民营企业家齐聚一堂，这是搭桥铺路、内引外联、服务企业“走出去”开展国际合作的重要举措。作为主办方，我们力争将此项活动打造成为民营企业与各国驻华使领馆的常态化的沟通渠道。我们相信在各国驻华使领馆大力支持下，中国民营企业与各国企业间的友好合作，将“一带一路”倡议与各国的发展对接，做出重要的贡献。

代序 4
发展境外园区是促进“一带一路”建设的重要抓手

——中华全国工商业联合会国际合作委员会　王　丽

尊敬的各位来宾：

习近平主席在民营企业座谈会上的讲话中指出，随着共建“一带一路”扎实推进，我国同“一带一路”沿线国家的投资贸易合作加速推进，成为我们外部经济环境的新的亮点。境外园区在其中发挥了重要的作用，下面我就此次论坛谈几点看法。

一、境外园区是促进“一带一路”建设的重要抓手

我国许多“走出去”的民营企业存在着经验不足、投资盲目、缺乏话语权等问题。境外园区不是单一的企业而是集成式的平台，是包括中国企业在内的各国企业的避风港，在比较复杂的环境下，打造一个商业环境良好的区域，企业可以抱团出海。在满足拓展海外市场需求的同时，能拉动当地的经济发展。同时，境外园区是中国企业与东道国政府意愿和能力的结合，当然也包括东道国的民间机构，是为两国经济合作交流搭建的平台。东道国的政府和企业对园区建设有较强的期待，在资源、政策、资金等方面都会对园区有所倾斜。

二、境外园区是民营企业实现产业转型升级的良好平台

近年来，我国部分民营企业在劳动密集型、资源密集型的产业当中面临着劳动力成本升高、环境保护压力增大、市场容量饱和度增加等发展的瓶颈。但是，与东南亚、非洲等地区的同类产业相比，我们国家的企业在技术工艺、产业经验等方面，还具有一定的领先优势。

通过向境外园区有秩序转移优势产能，可以充分挖掘产业空间，发挥技术优势，逐步化解新旧动能转换等带来的不确定性冲击，并为新兴产业腾出发展的空间和时间，在跟时间赛跑当中赢得我们的优势。

三、论坛为园区和企业建立沟通的渠道

不得不承认，不少海外园区在建设过程中存在着产业链不配套、规划不合理、园区工作人员能力不足、商事纠纷解决缺乏有效渠道等问题。民营企业如果单独出海，既费时费力，效果也不显著，这次论坛为招商引资搭建了平台，为园区和有意向的入园企业增加了沟通渠道，为下一步的合作打下了坚实的基础。

另外，海外园区建设过程中也不可避免地会遇到多方面的矛盾和纠纷，因此在投资政策、法律咨询、风险评估、安全防范、金融服务、保险争议解决等方面都有着需求。

朋友们：

境外园区的发展是促进"一带一路"建设的重要抓手，在"一带一路"沿线通过海外园区的建设，推动经贸合作，既顺应了"一带一路"沿线相关国家发展的需要，也符合国际产业合作的新的趋势。让我们全面贯彻落实习近平主席在民营企业座谈会上的讲话精神和"一带一路"决策部署，以实际行动为推动"一带一路"建设和实现中华民族伟大复兴的中国梦做出新的更大的贡献。

第 1 部分

2018 年度中国对外直接投资与风险综述

1.1　商务部：2018 年我国对“一带一路”沿线国家投资合作稳步推进

2018 年全年，我国全行业对外直接投资 1 298.3 亿美元，同比增长 4.2%。其中，我国企业对“一带一路”沿线非金融类直接投资同比增长 8.9%。

数据显示，2018 年我国对外金融类直接投资 93.3 亿美元，同比增长 105.1%；对外非金融类直接投资 1 205 亿美元，同比增长 0.3%。对外承包工程完成营业额 1 690.4 亿美元，同比增长 0.3%。对外劳务合作年末在外各类劳务人员 99.7 万人，较上年同期增加 1.7 万人。

商务部表示，2018 年，在国际形势日趋复杂多变的情况下，我国对外投资合作保持平稳有序健康发展。

一方面，我国企业对“一带一路”沿线的 56 个国家实现非金融类直接投资 156.4 亿美元，同比增长 8.9%，占同期总额的 13%。在“一带一路”沿线的 63 个国家对外承包工程完成营业额 893.3 亿美元，占同期总额的 52%。“一带一路”投资合作稳步推进。

另一方面，对外投资结构持续多元。对外投资主要流向租赁和商务服务业、制造业、批发和零售业、采矿业，占比分别为 37%、15.6%、8.8%和 7.7%。流向第三产业的对外直接投资 842.5 亿美元，同比增长 3.6%，占 69.9%。房地产业、体育和娱乐业对外投资没有新增项目，非理性投资继续得到有效遏制。

2018 年我国企业共实施完成并购项目 405 起，实际交易总额 702.6 亿美元，其中境内出资 274.5 亿美元，占并购总额的 39.1%，同期对外直接投资总额的 22.8%；境外融资规模 428.1 亿美元，占并购总额的 60.9%。企业对外投资方式不断创新，对外投资并购活跃，境外融资比例高。同时，实物投资、股权置换、联合投资、特许经营、投建营一体化等对外投资方式也呈现出良好的发展态势。

与此同时，第三方市场合作稳妥有序推进。中国企业与来自英国、德国、法国、新加坡等国的企业利用各自比较优势，取长补短，按照“政府引导、企业主体、市场运作、国际惯例”的原则，在亚洲、非洲等地区开展务实合作，合作项目均稳妥有序推进。地方企业和民营经济对外投资活跃。地方企业对外直接投资 834.3 亿美元，同比增长 11.3%，占同期总额的 69.2%。非公有经济控股主体对外投资 554.2 亿美元，占 57.4%，较上年提升 8.4 个百分点。

数据显示，境外经贸合作区建设取得积极进展，截至 2018 年年末，通过确认考核的合作区入区企业共计 933 家，累计投资 209.6 亿美元，上缴东道国税费 22.8 亿美元，创造就业岗位 14.7 万个，实现互利共赢。其中 2018 年新增投资 25 亿美元，上缴东道国税费 5.9 亿美元。此外，对外承包工程带动东道国经济社会发展和我国出口。对外承包工程主要集中在交通运输、一般建筑和电力工程建设行业，占比 66.5%，有效改善了东道国基础设施条件，为当地创造就业岗位 84.2 万个，惠及东道国民生。同时，对外承包工程带动我国设备材料出口近 170 亿美元，同比增长 10.4%。

2018 年全年，商务部和省级相关主管部门共备案或核准对外投资企业 8 786 家，中方协议投资额 1 266.8 亿美元。其中备案或核准非金融类对外投资企业 8 739 家，中方协议投资额 1 191.2 亿美元；备案或核准金融类对外投资企业 47 家，中方协议投资额 75.6 亿美元。

2019 年，商务部将继续推动中国对外投资合作平稳健康有序发展。不但要加强政策引领，推动对外投资合作高质量发展。而且要加强服务保障，不断创新监管手段，为企业提供更具针对性的公共服务产品，从而加强风险防范，强化企业境外安全主体责任，及时有效应对各类风险。

资料来源：经济日报

1.2　商务部：2018 年我国对外投资的五个特点

2018 年，面临复杂严峻的外部环境，中国对外投资保持了平稳健康的发展，主要呈现以下五个方面的特点。

一是对外投资方式不断创新，结构持续优化。2018 年中国对外投资 1 298.3 亿美元，同比增长了 4.2%，在全球跨国投资下降了 19% 的背景下，我们的对外投资是增长的。其中对外投资的方式也有很大的创新，我们的并购增长非常快，共完成并购项目 405 个，实际交易额 702.6 亿美元。此外，我们在实物投资、股权置换、联合投资、特许经营、投建营一体化等方面呈现良好的发展势头。总体来看，去年一年，我们制造业等实体经济对外投资增长比较快，非理性的对外投资得到了有效的遏制。

二是对外承包工程促进东道国经济社会发展，实现了互利共赢。大家知道对外承包工程是我们的一项传统优势行业，我们有强大的建造能力，正好在一些发展中国家、“一带一路”沿线国家大有用场。2018 年我们对外承包工程完成营业额 1 690.4 亿美元，主要集中在交通运输、一般建筑和电力工程建设行业，为当地创造就业岗位 84.2 万人，有效地改善了东道国的基础设施和民生。同时对外承包工程也带动了我国的设备、技术和服务以及我们的标准“走出去”，其中带动设备材料出口 170 亿美元，同比增长了 10.4%。

三是对外劳务合作助力扶贫攻坚。截至 2018 年年末，我们对外劳务合作在外各类劳务人员 99.7 万人，大数是一百万人，我们号称百万大军。较 2017 年年末增长了 1.7 万人。这百万人里面有组织地从贫困地区输出了 3.5 万人。这些在外人员收入比较高，人均大概达到 10 万元人民币，带动脱贫效果非常好。可以说对外劳务输出对带动贫困地区经济发展、脱贫致富发挥了积极的作用。

四是对外援助项目有序实施。2018 年我们共组织实施各类援外项目 2 000 多个，为 160 多个国家培养了高级官员和技术人员 5 万名左右。

五是对“一带一路”沿线国家的投资合作进一步深化。2018 年中国企业对“一带一路”沿线国家非金融类直接投资 156.4 亿美元，同比增长了 8.9%，对外承包工程完成营业额 893.3 亿美元，占同期总额的 52%。一大批重大项目正在有序实施，示范效应不断增强。

一些国家相继加强了对外国投资的安全审查，这给中国企业对外投资合作带来了一定的负面影响。下一步，我们将继续鼓励引导有实力、信誉好的中国各类企业，包括国有企业和民营企业，按照市场原则和国际惯例，开展对外投资合作，在发展壮大自身的同时，也为东道国创造更多的就业，创造更多的税收，促进当地的经济发展，实现互利共赢。当然同时我们也希望有些国家能够秉承开放包容的态度，为包括中国企业在内的投资者营造一个公开、透明、便利的营商环境，为构建开放型世界经济注入新的正能量。

资料来源：经济日报

1.3　商务部：2018 年我国与“一带一路”沿线国家经贸合作的五个特点和重要进展

从 2018 年全年情况看，“一带一路”经贸合作规模扩大、质量提升、亮点纷呈，加快向高质量发展。主要有以下五个方面的特点。

一是贸易往来快速发展。我们在开拓双向市场上下功夫，积极推进贸易自由化、便利化，搭建更多贸易促进平台，加快发展丝路电商，我们与九个国家签订了电子商务合作文件，同时我们促进中欧班列全年开行 6 363 列，运送货物 54 万标箱。2018 年中国与“一带一路”沿线国家的贸易额达到 1.3 万亿美元，同比增长 16.3%，高于中国外贸整体增速 3.7 个百分点。

二是投资合作不断深化。我们进一步放宽外资准入，优化营商环境，深化对外投资合作管理体制改革，强化服务保障。2018 年全年“一带一路”沿线国家对华投资 60.8 亿美元。中国对“一带一路”沿线国家直接投资 162.7 亿美元，在沿线国家对外承包工程完成额 893.3 亿美元，建筑工程承包作用非常大。此外，我们和日本、西班牙、荷兰、比利时四个国家签署了第三方市场的合作协议。

三是重大项目做优做精。我们推动境外经贸合作区创新发展，一批互联互通项目陆续落地，其中马尔代夫中马友谊大桥已经通车，亚吉铁路已经开通运营，瓜达尔港也具备了完全作业的能力，这些大项目有力促进了当地经济社会发展和民生改善。境外经贸合作区也成为“一带一路”建设的亮点。泰中罗勇工业区、中埃泰达苏伊士经贸合作区，还有我们在柬埔寨的西哈努克港经济特区，都发展态势良好，也创造了大量就业，受到东道国的欢迎和好评。仅仅是柬埔寨的西哈努克港经济特区就为当地创造了 2.2 万个就业岗位，占当地西哈努克港就业的一大部分。

四是自贸区网络加快建设。在促进自贸区建设上下功夫，与格鲁吉亚自贸协定已经生效，与毛里求斯已经完成自贸协定谈判，与新加坡签署自贸协定升级议定书，还有欧亚经济联盟也签署了经贸合作协定，区域全面经济伙伴关系协定（RCEP）谈判也取得积极的进展，可以说立足周边、辐射“一带一路”、面向全球的高标准自贸区的网络正在形成。

五是合作机制逐步完善。我们在经贸合作机制建设上做了很多工作，在双边经贸联委会和混委会框架下，与泰国、肯尼亚专门设立了贸易畅通工作组，与科威特、约旦建立了投资合作工作组，与七个国家建立了服务贸易合作机制，这些机制的建立为“一带一路”建设提供坚实的制度保障。今年 4 月，第二届“一带一路”国际合作高峰论坛将在北京举办，商务部将与有关部门共同努力，确保论坛取得圆满成功。我们负责承办贸易畅通分论坛和境外经贸合作区分论坛，我们将认真参与筹备峰会和两个分论坛，推动落实第二届“一带一路”高峰论坛经贸成果，推动“一带一路”经贸合作高质量发展迈上新的台阶。

资料来源：经济日报

恐怖与战争风险

风险等级
极高
高
中
低
极低
无
恐怖风险要素(等级以色块形式表现)
恐怖袭击事件发生频次、袭击导致伤亡人数以及财产损失等。
战争风险要素(等级以图标形式表现)
内部冲突、侵略、外部军事冲突行为。
图例
洲界
未定
国界
地区界
军事分界线
1∶100 000 000
北冰洋
大西洋
印度洋
太平洋
北美洲
南美洲
欧洲
亚洲
非洲
大洋洲
南极洲
格陵兰(丹)
斯瓦尔巴群岛(挪)
冰岛
俄罗斯
中华人民共和国
蒙古
哈萨克斯坦
朝鲜
韩国
日本
印度
伊朗
土耳其
沙特阿拉伯
阿富汗
巴基斯坦
尼泊尔
缅甸
泰国
越南
柬埔寨
马来西亚
印度尼西亚
菲律宾
斯里兰卡
也门
阿曼
叙利亚
伊拉克
约旦
埃及
利比亚
阿尔及利亚
突尼斯
摩洛哥
毛里塔尼亚
马里
尼日尔
乍得
苏丹
南苏丹
埃塞俄比亚
索马里
肯尼亚
坦桑尼亚
刚果民主共和国
安哥拉
纳米比亚
博茨瓦纳
莫桑比克
津巴布韦
南非
斯威士兰
莱索托
马达加斯加
毛里求斯
塞舌尔
查戈斯群岛(英)
马尔代夫
尼日利亚
乌克兰
白俄罗斯
波兰
德国
法国
西班牙
葡萄牙
意大利
希腊
英国
爱尔兰
挪威
瑞典
芬兰
丹麦
罗马尼亚
保加利亚
澳大利亚
新西兰
巴布亚新几内亚
所罗门群岛
瓦努阿图
斐济
萨摩亚
图瓦卢
基里巴斯
瑙鲁
帕劳
密克罗尼西亚联邦
马绍尔群岛
新喀里多尼亚(法)
法属波利尼西亚
库克群岛
纽埃
夏威夷群岛(美)
阿留申群岛(美)
美国
加拿大
墨西哥
古巴
海地
多米尼加
牙买加
危地马拉
洪都拉斯
尼加拉瓜
哥斯达黎加
巴拿马
哥伦比亚
委内瑞拉
圭亚那
苏里南
厄瓜多尔
秘鲁
巴西
玻利维亚
巴拉圭
智利
阿根廷
乌拉圭
特立尼达和多巴哥
科隆群岛(加拉帕戈斯群岛)(厄)
马尔维纳斯群岛(英称福克兰群岛)(阿根、英争议)
南设得兰群岛
南桑威奇群岛
凯尔盖朗群岛(法)
圣赫勒拿(英)
阿森松岛(英)
佛得角
亚速尔群岛(葡)
马德拉群岛(葡)
加那利群岛(西)
百慕大(英)
纽芬兰岛
伊丽莎白女王群岛
白令海
黄海
东海
南海
阿拉伯海
孟加拉湾
墨西哥湾
加勒比海
德雷克海峡
罗斯海
别林斯高晋海

旅游与卫生风险

北美洲
格陵兰(丹)
斯瓦尔巴群岛(挪)
北 冰 洋
冰岛
挪威
瑞典
芬兰
爱尔兰
英国
丹麦
俄罗斯
欧
洲
荷兰
德国
波兰
白俄罗斯
法国
乌克兰
意大利
葡萄牙
西班牙
亚速尔群岛(葡)
马德拉群岛(葡)
加那利群岛(西)
希腊
罗马尼亚
保加利亚
黑海
土耳其
叙利亚
伊拉克
约旦
伊朗
沙特阿拉伯
也门
阿曼
阿拉伯海
俄 罗 斯
哈萨克斯坦
乌兹别克斯坦
土库曼斯坦
阿富汗
巴基斯坦
尼泊尔
印 度
孟加拉湾
斯里兰卡
马尔代夫
蒙 古
中华人民共和国
朝鲜
韩国
日本
黄海
东海
南海
缅甸
老挝
泰国
越南
柬埔寨
菲律宾
马来西亚
印度尼西亚
巴布亚新几内亚
帕劳
摩洛哥
阿尔及利亚
突尼斯
利比亚
埃及
西撒哈拉
毛里塔尼亚
马里
尼日尔
乍得
苏丹
南苏丹
埃塞俄比亚
索马里
中非
喀麦隆
刚果民主共和国
刚果
加蓬
乌干达
肯尼亚
坦桑尼亚
安哥拉
赞比亚
津巴布韦
纳米比亚
博茨瓦纳
南非
斯威士兰
莱索托
莫桑比克
马达加斯加
毛里求斯
塞舌尔
查戈斯群岛(英)
佛得角
塞内加尔
几内亚
塞拉利昂
利比里亚
加纳
尼日利亚
阿森松岛(英)
圣赫勒拿(英)
大西洋
印 度 洋
澳 大 利 亚
新西兰
所罗门群岛
瓦努阿图
新喀里多尼亚(法)
斐济
萨摩亚
汤加
纽埃
库克群岛
法属波利尼西亚
基里巴斯
图瓦卢
瑙鲁
密克罗尼西亚联邦
马绍尔群岛
夏威夷群岛(美)
阿留申群岛(美)
白令海
太 平 洋
美国
加 拿 大
伊丽莎白女王群岛
巴芬湾
格陵兰(丹)
纽芬兰岛
亚速尔群岛(葡)
百慕大(英)
美 国
墨西哥
墨西哥湾
巴哈马
古巴
牙买加
海地
多米尼加
洪都拉斯
危地马拉
尼加拉瓜
哥斯达黎加
巴拿马
加勒比海
特立尼达和多巴哥
委内瑞拉
圭亚那
苏里南
哥伦比亚
厄瓜多尔
科隆群岛(加拉帕戈斯群岛)(厄)
秘鲁
巴 西
玻利维亚
巴拉圭
智利
阿根廷
乌拉圭
南美洲
马尔维纳斯群岛(英称福克兰群岛)(阿根、英争议)
德雷克海峡
南设得兰群岛
南桑威奇群岛
凯尔盖朗群岛(法)
罗斯海
别林斯高晋海
南 极 洲
风险等级
极高
高
中
低
极低
无
旅行安全风险要素(等级以色块形式表现)
战争、内部冲突、暴力犯罪、基础设施、
安全应急保障、国家防灾减灾能力等。
公共卫生风险要素(等级以图标形式表现)
饮食卫生、流行疫情、环境卫生、紧急救护、
药物供应、医疗成本、公共卫生管理等。
图 例
洲界
未定
国界
地区界
军事分界线
1∶100 000 000

政治与信用风险

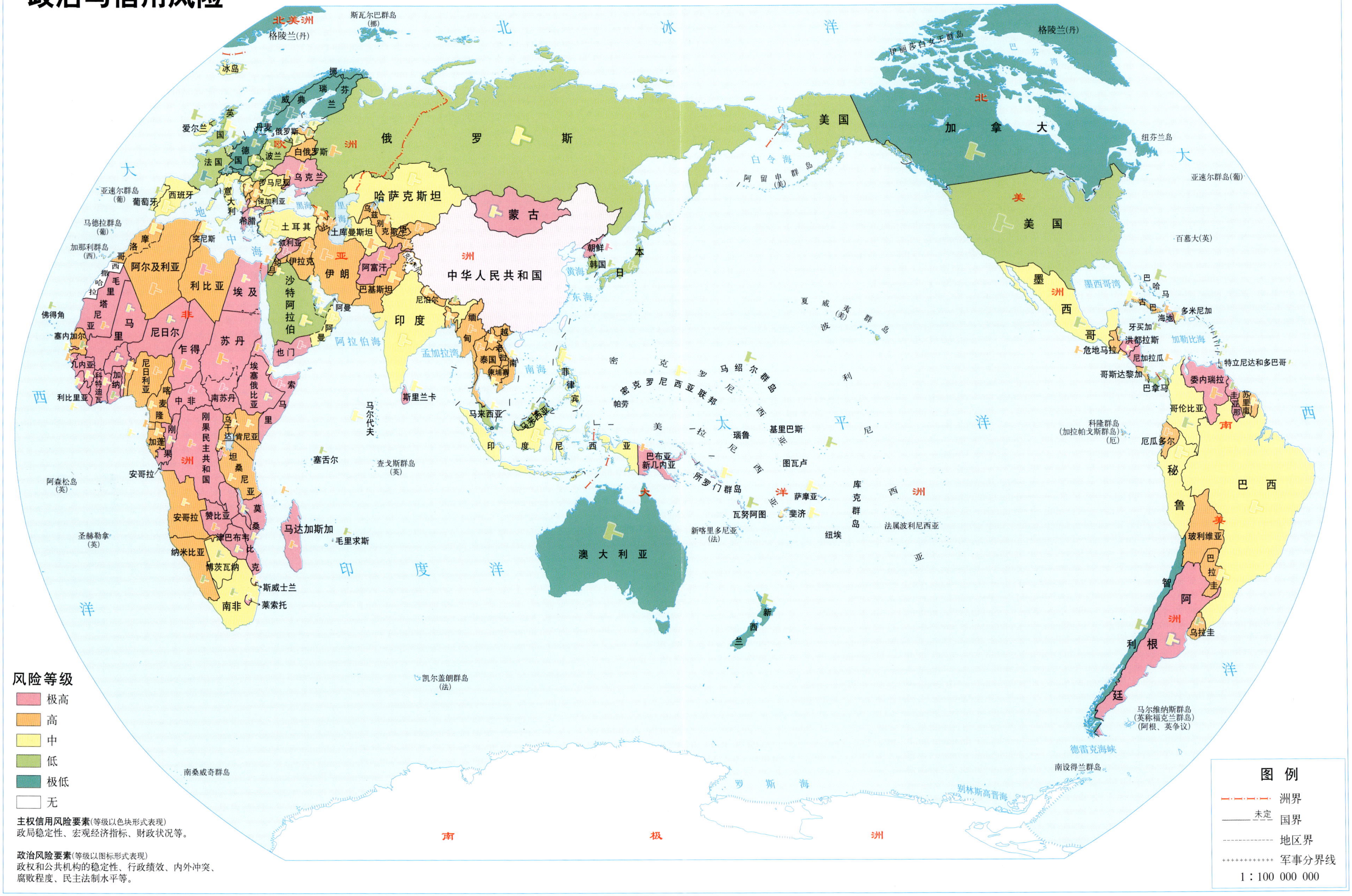
风险等级
极高
高
中
低
极低
无
主权信用风险要素(等级以色块形式表现)
政局稳定性、宏观经济指标、财政状况等。
政治风险要素(等级以图标形式表现)
政权和公共机构的稳定性、行政绩效、内外冲突、腐败程度、民主法制水平等。
图例
洲界
未定
国界
地区界
军事分界线
1：100 000 000
北冰洋
太平洋
大西洋
印度洋
南极洲
亚洲
欧洲
非洲
大洋洲
北美洲
南美洲
俄罗斯
中华人民共和国
蒙古
哈萨克斯坦
印度
美国
加拿大
巴西
澳大利亚
阿尔及利亚
利比亚
埃及
苏丹
南苏丹
尼日尔
乍得
马里
毛里塔尼亚
刚果民主共和国
坦桑尼亚
马达加斯加
南非
沙特阿拉伯
伊朗
阿富汗
巴基斯坦
土耳其
朝鲜
韩国
日本
墨西哥
秘鲁
阿根廷
智利
哥伦比亚
委内瑞拉
玻利维亚
新西兰
巴布亚新几内亚
格陵兰(丹)
冰岛

高科技与知识产权风险

风险等级

- 极高
- 高
- 中
- 低
- 极低
- 无

知识产权风险评估要素(等级以色块形式表现)
政府监管及法律、研发人员与投入、科技与创意产出等。

高科技风险要素(等级以图标形式表现)
技术竞争、侵权后果、专利保护等。

图 例

- 洲界
- 未定 国界
- 地区界
- 军事分界线

1：100 000 000

第 2 部分

2019 中国企业“走出去”全球风险版图

2.1　2019 全球风险版图

- 恐怖与战争风险地图
- 旅游与卫生风险地图
- 政治与信用风险地图
- 高科技与知识产权风险地图

2.2 2019亚洲风险版图

政治风险

东南亚：民族宗教矛盾和社情民意操纵影响大部分国家的政局和社会稳定，甚至引发区域政经关系波动，对企业投资决策与中长期运营有较大的威胁。

中亚：极端主义、恐怖主义威胁受到一定的遏制，政治稳定性逐渐增强，区域合作有长足发展，但隐忧较大。

南亚：阿富汗战乱未平，印巴偶有冲突，地缘政治风险较高，但整体风险可控。

西亚：部分国家反恐战争取得进展，但该地区政治风险仍处于较高水平。

经济风险

作为发展中的新兴市场，亚洲主要新兴国家的经济增速较高，同时债务水平也在增加。受全球金融环境收紧影响，部分国家的债务风险会进一步增大，相应的经济风险也会增大。

营商风险

东南亚：政府效率仍有待提高，政策稳定性需进一步增强。劳动力成本攀升，基础设施条件改善缓慢，部分国家营商环境有劣化趋势，投资风险与运营风险有所增加。

中亚、南亚、西亚：局部地区安全局势严峻，社会稳定性较差；存在腐败及行政低效现象，营商环境改善缓慢。

安全风险

中亚：政治稳定性与经济发展形势有所改善，安全风险较高，但未来可期。

西亚：安全形势较为复杂，局部冲突此消彼长。恐怖主义影响外溢、国内政治紧张、极端势力蔓延等因素加大了本地区的安全风险。

卫生风险

东南亚、中亚、南亚：受经济因素与环境因素影响，卫生风险水平较高。

西亚：地区冲突与战争导致设施损毁严重，部分区域的饮食、公共卫生条件无法得以有效改善。

旅行风险

东南亚：自然灾害频发，基础设施条件差，政府更迭及游行示威等社会问题加大了旅行风险。

尽管区域恐怖袭击的态势有所缓解，但西亚整体的安全形势导致旅行风险仍处于较高水平。

国家风险

西亚整体仍处于较高的风险水平，中亚风险状况略有改善。亚洲国别风险整体稳中有降，但复杂地缘政治所引发的风险需审慎应对。

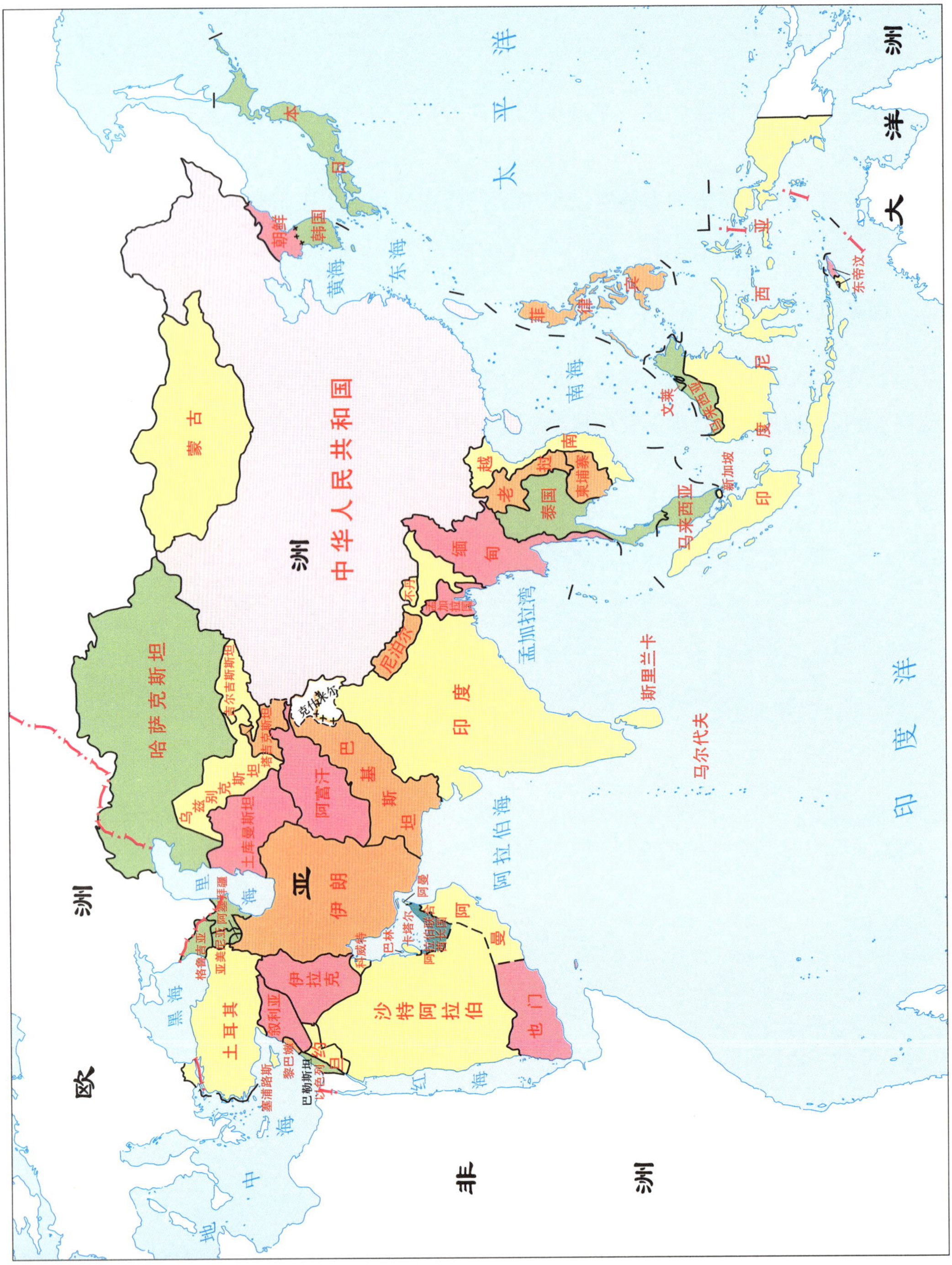

政治风险

风险等级

极高 高 中 低 极低

政权稳定性
行政效绩
内外冲突
腐败程度
民主法制水平

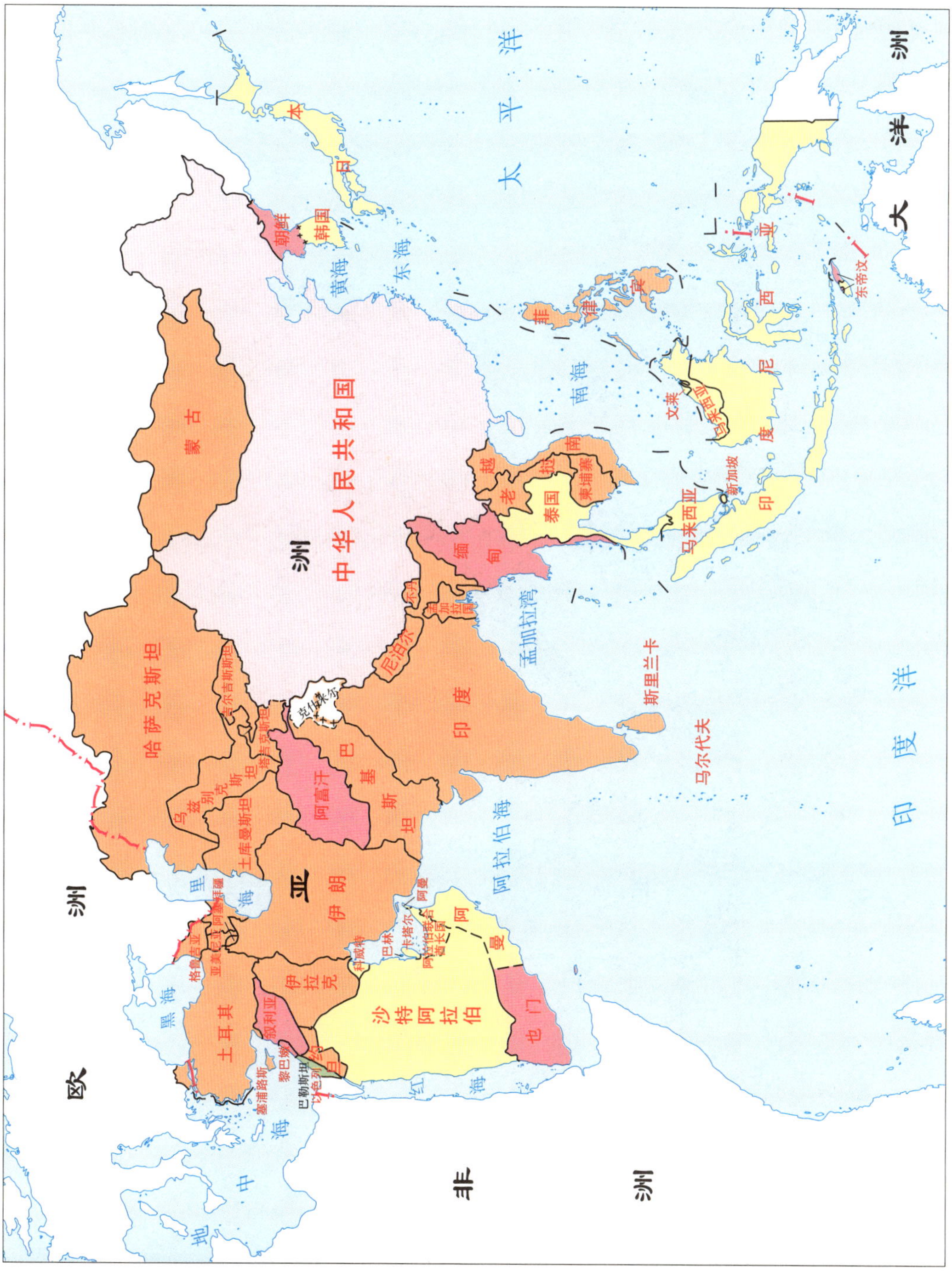

经济风险

风险等级

- 极高
- 高
- 中
- 低
- 极低

经济规模
经济增长率
经济发展政策
通货膨胀水平
财政收支状况
主权债务评级
双边经贸关系

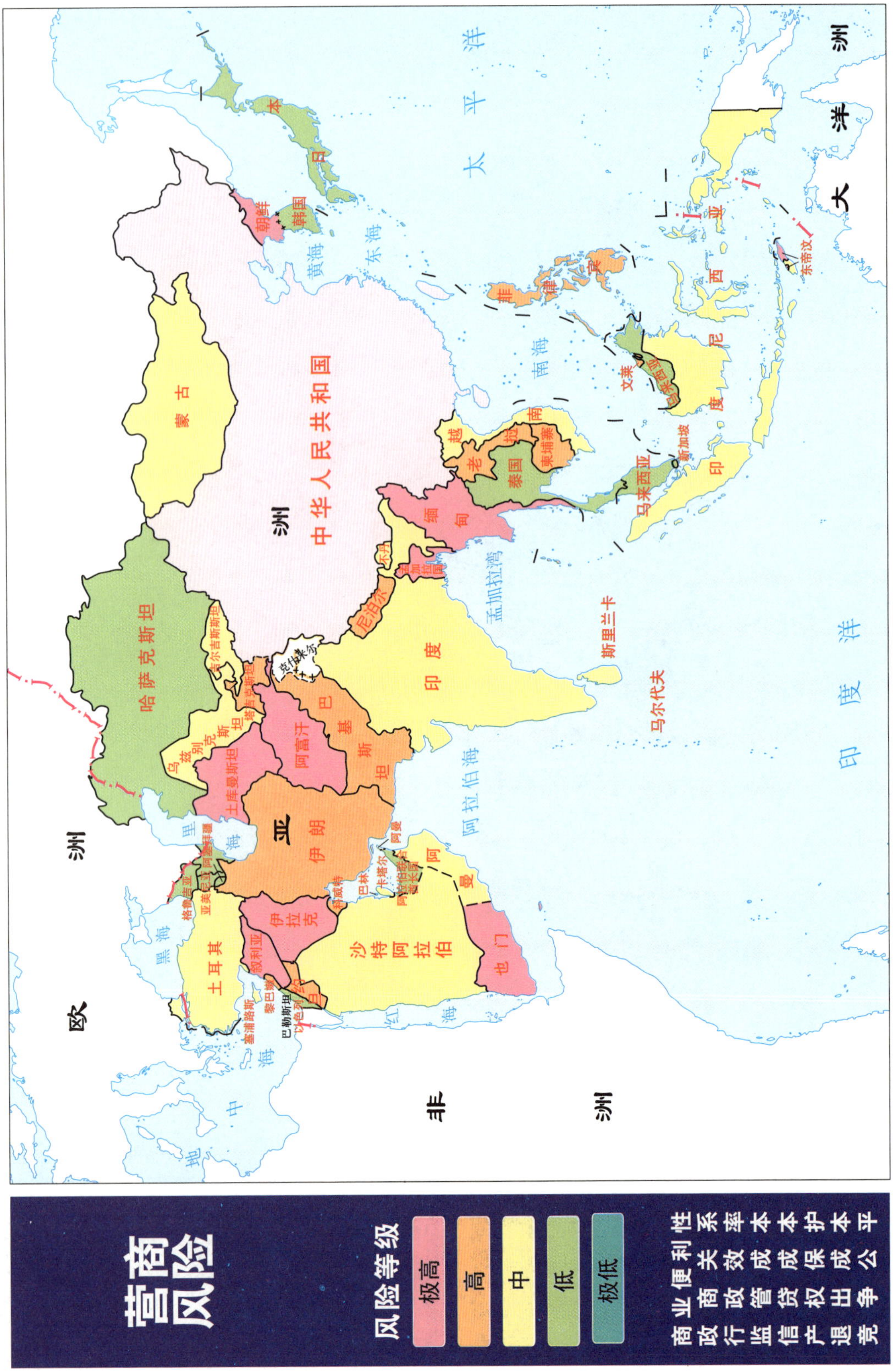
营商风险
风险等级
极高
高
中
低
极低
商业便利性
政商关系
行政效率
监管成本
信贷成本
产权保护
退出成本
竞争公平
中华人民共和国
蒙古
哈萨克斯坦
吉尔吉斯斯坦
塔吉克斯坦
乌兹别克斯坦
土库曼斯坦
阿富汗
巴基斯坦
印度
尼泊尔
不丹
孟加拉国
缅甸
泰国
老挝
越南
柬埔寨
马来西亚
新加坡
文莱
印度尼西亚
菲律宾
东帝汶
斯里兰卡
马尔代夫
朝鲜
韩国
日本
伊朗
伊拉克
叙利亚
黎巴嫩
以色列
巴勒斯坦
约旦
沙特阿拉伯
也门
阿曼
阿拉伯联合酋长国
卡塔尔
巴林
科威特
土耳其
塞浦路斯
格鲁吉亚
亚美尼亚
阿塞拜疆
克什米尔
亚洲
欧洲
非洲
大洋洲
太平洋
印度洋
南海
东海
黄海
里海
黑海
红海
地中海
阿拉伯海
孟加拉湾

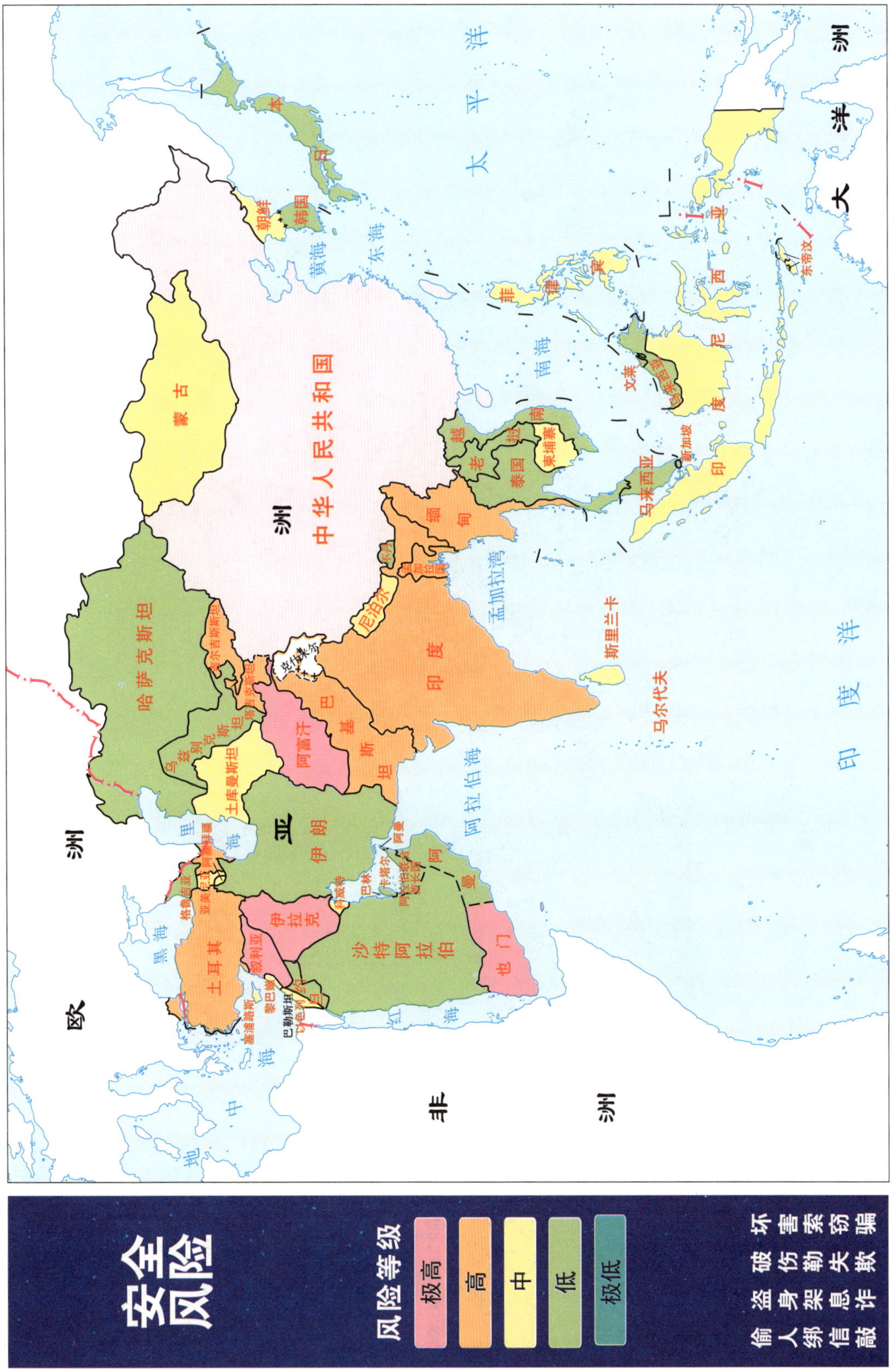
中华人民共和国
蒙古
哈萨克斯坦
乌兹别克斯坦
土库曼斯坦
吉尔吉斯斯坦
塔吉克斯坦
阿富汗
巴基斯坦
克什米尔
印度
尼泊尔
不丹
孟加拉国
缅甸
泰国
老挝
越南
柬埔寨
马来西亚
新加坡
文莱
印度尼西亚
菲律宾
东帝汶
朝鲜
韩国
日本
伊朗
伊拉克
沙特阿拉伯
也门
阿曼
阿联酋
卡塔尔
巴林
科威特
叙利亚
黎巴嫩
巴勒斯坦
以色列
约旦
塞浦路斯
土耳其
格鲁吉亚
亚美尼亚
阿塞拜疆
斯里兰卡
马尔代夫
太平洋
印度洋
黄海
东海
南海
孟加拉湾
阿拉伯海
里海
黑海
地中海
红海
欧洲
亚洲
非洲
大洋洲
安全风险
风险等级
极高
高
中
低
极低
偷盗破坏
人身伤害
绑架勒索
信息失窃
敲诈欺骗

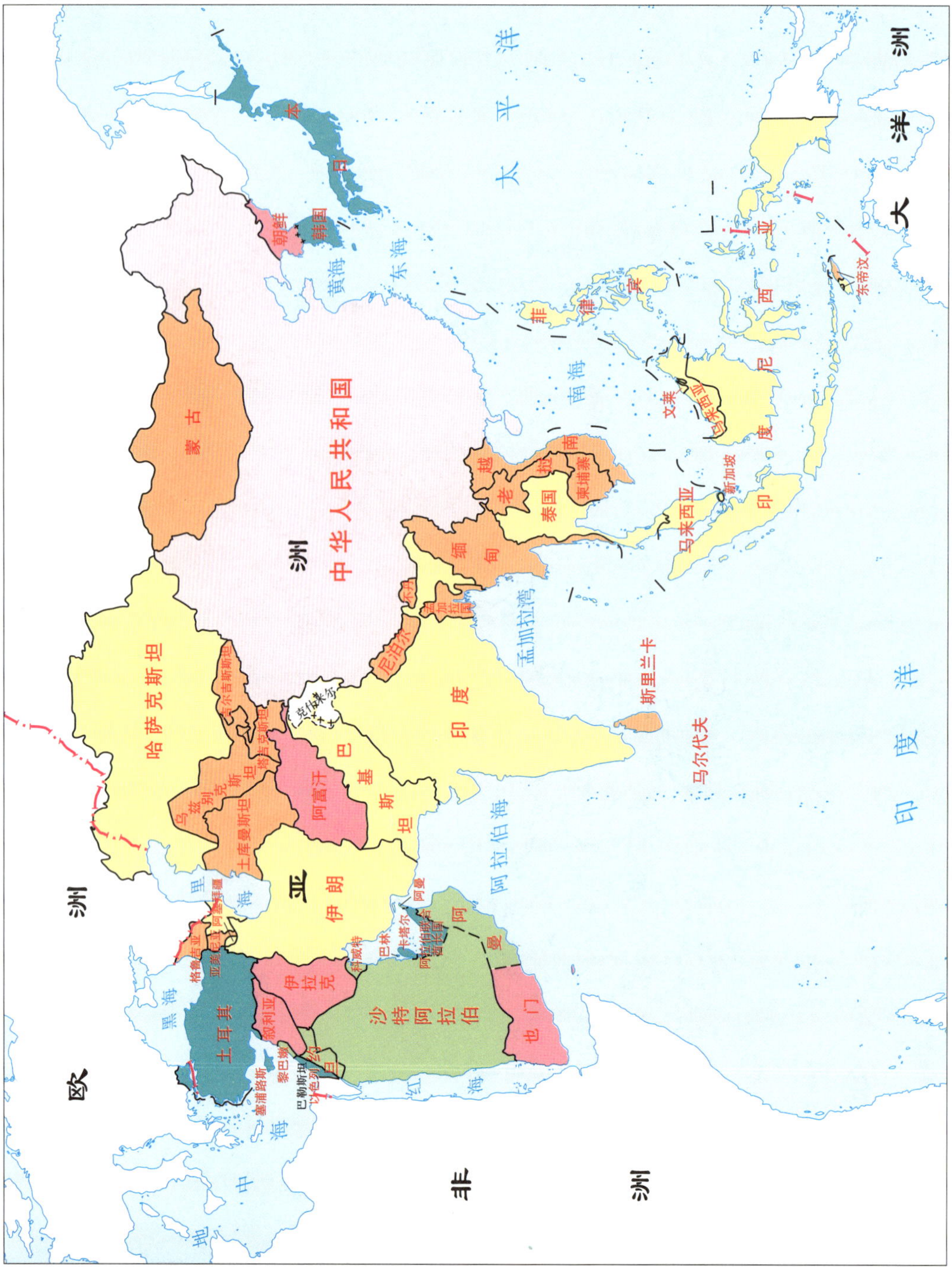

卫生风险

风险等级

极高	高	中	低	极低

饮食环境卫生
流行疫情
紧急救护能力
药物供应保障
医疗成本
公共卫生管理

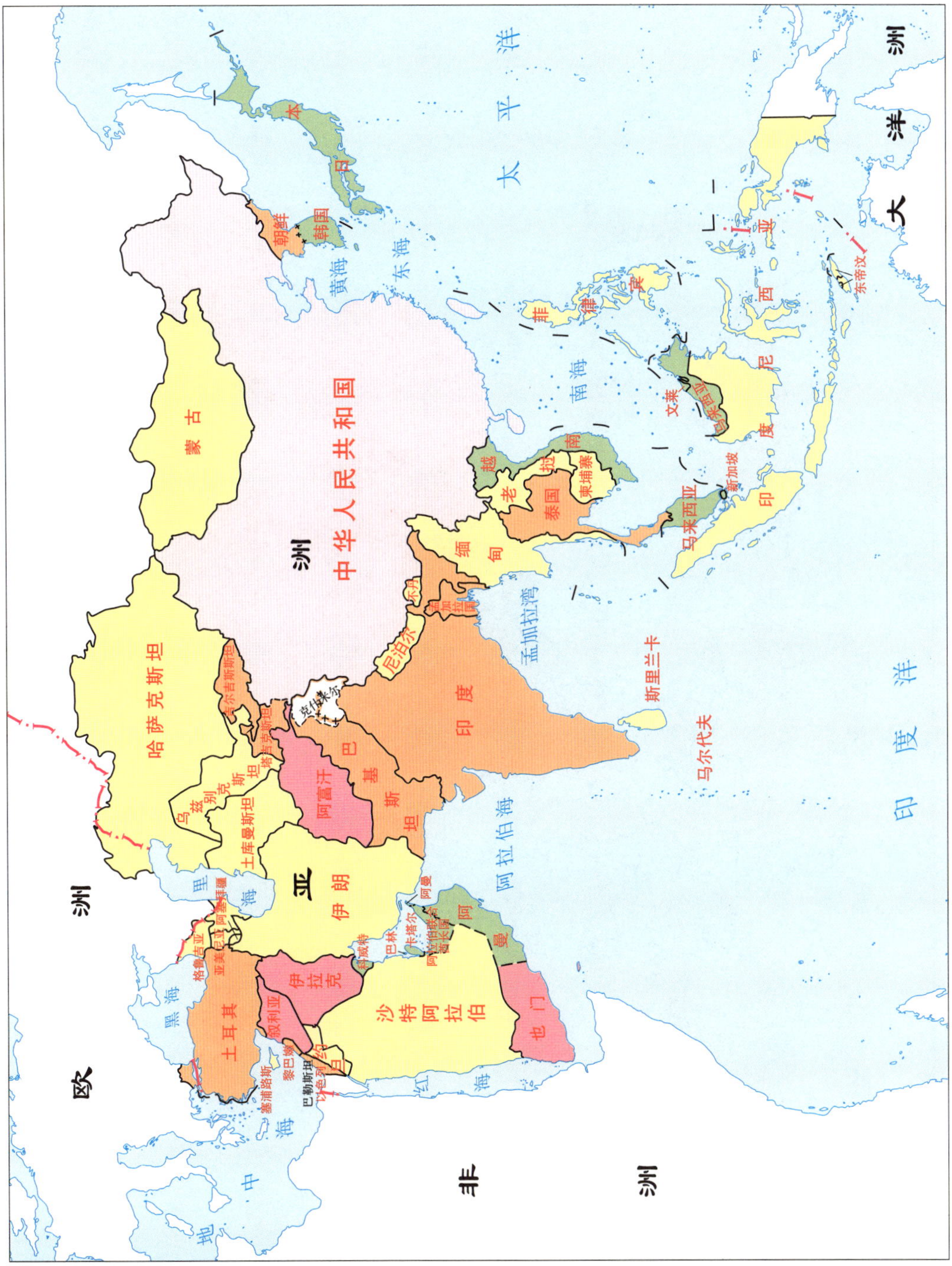

旅行风险

风险等级
- 极高
- 高
- 中
- 低
- 极低

战争冲突
暴力犯罪
基础设施
安全应急保障
防灾减灾能力

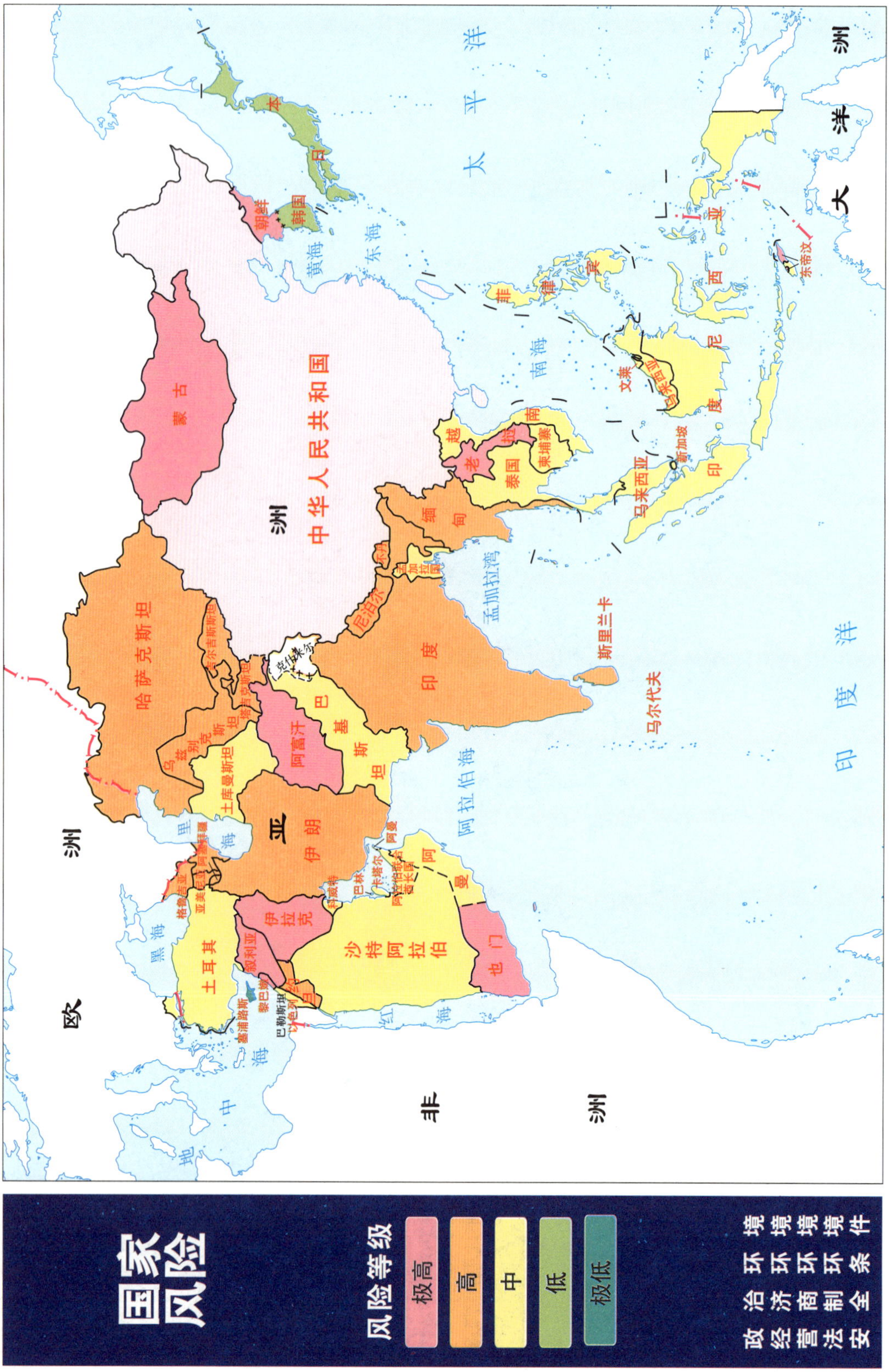
国家风险
风险等级
极高
高
中
低
极低
政治环境
经济环境
营商环境
法制环境
安全条件
中华人民共和国
蒙古
哈萨克斯坦
印度
伊朗
沙特阿拉伯
土耳其
伊拉克
也门
阿曼
阿富汗
巴基斯坦
土库曼斯坦
乌兹别克斯坦
缅甸
泰国
老挝
越南
柬埔寨
马来西亚
新加坡
印度尼西亚
菲律宾
东帝汶
文莱
朝鲜
韩国
日本
尼泊尔
孟加拉国
不丹
斯里兰卡
马尔代夫
叙利亚
黎巴嫩
以色列
巴勒斯坦
塞浦路斯
科威特
巴林
卡塔尔
阿拉伯联合酋长国
吉尔吉斯斯坦
塔吉克斯坦
克什米尔
亚洲
欧洲
非洲
大洋洲
太平洋
印度洋
南海
东海
黄海
孟加拉湾
阿拉伯海
里海
黑海
地中海
红海

2.3　2019 非洲风险版图

政治风险

殖民时代留下的主权边界纠纷、部族及宗教冲突、反政府武装等问题仍然威胁着非洲的政治安全，但传统战乱国家之间的战争明显减少，不少国家也跳出了逢选必乱的怪圈，大部分非洲国家的政治环境有所改善，政治风险正在逐渐降低，只是过程较长。

经济风险

非洲各国经济发展差别很大，而且受国内国际政治经济环境影响较大，石油及其他矿产资源出口国则受大宗商品价格波动的影响较大，而主要新兴经济体呈现较快发展态势，但非洲整体经济风险仍然很高，尤其是高负债的国家。

营商风险

营商环境有所改善，但整体风险仍然较高。政权及政策稳定性缓慢提高，腐败与行政效率低下的情况依然堪忧，法律成本与融资成本高，基础设施有待改善，营商环境风险居高不下。

安全风险

非洲大陆安全局势喜忧参半。毗邻西亚的北非安全局势不容乐观，依然深受恐怖主义、政治失序、经济困境与极端思想的复杂影响；众多活跃的恐怖团伙，对部分非洲国家安全持续形成威胁；选举导致党派、民族、部落、宗教之间的冲突仍有可能发生；就业增长乏力，大多数人饱受贫穷困扰，社会治安环境短期内难以改观。

卫生风险

受经济发展滞后、基础设施薄弱拖累，加之各种流行疫情时有发生的影响，本地区的卫生风险仍然处于较高水平。

旅行风险

区域社会安全形势复杂，交通、卫生等基础设施条件较差，本地区的旅行风险仍然处于较高水平。

国家风险

综合上述风险，我们建议重点关注本地区所有国家的综合风险。

政治风险

风险等级 极低 低 中 高 极高

政权稳定性 腐败程度
行政绩效 民主法制水平
内外冲突

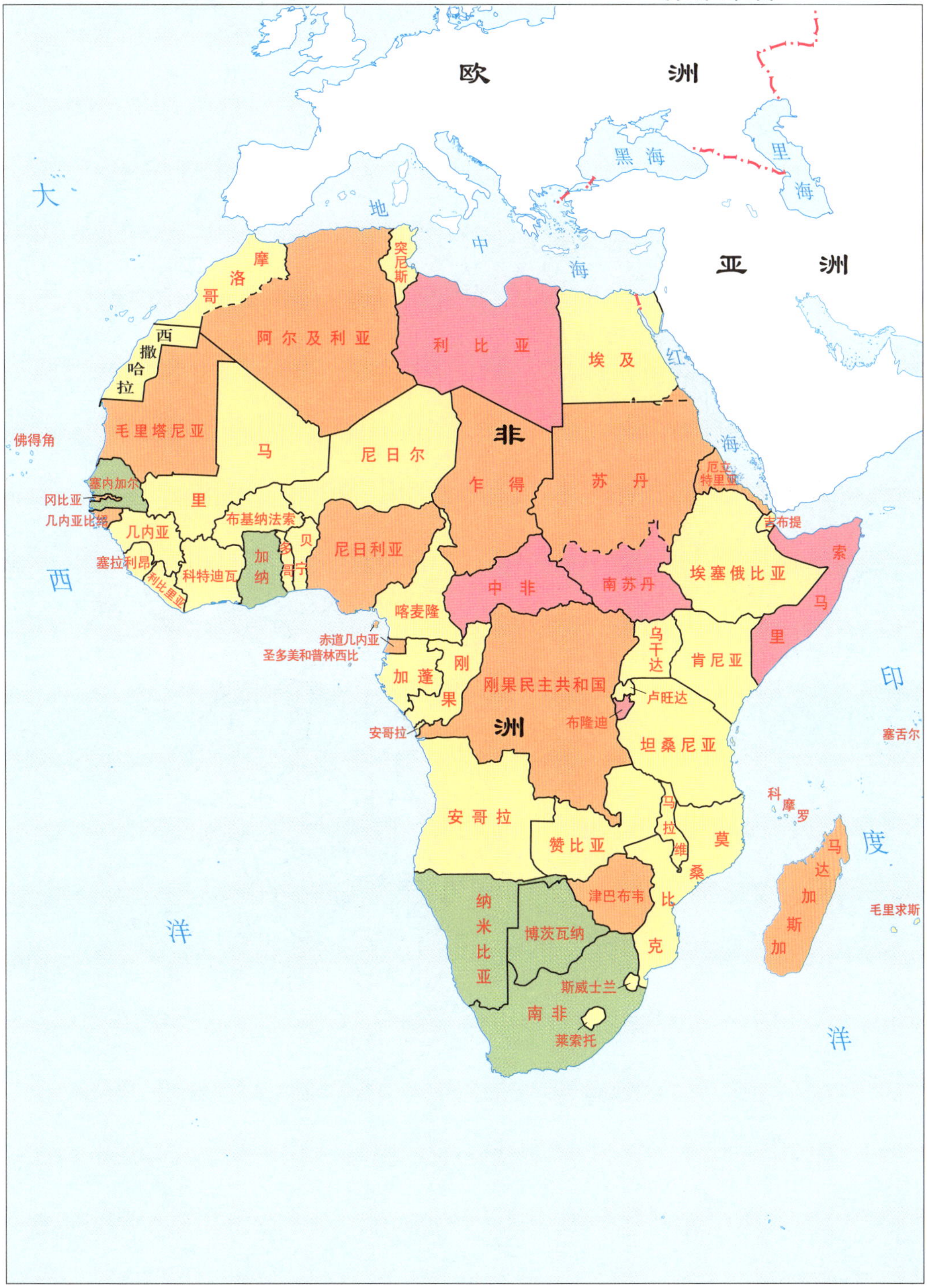

经济风险

风险等级 极低 低 中 高 极高

经济规模 通货膨胀水平 双边经贸关系
经济增长率 财政收支状况
经济发展政策 主权债务评级

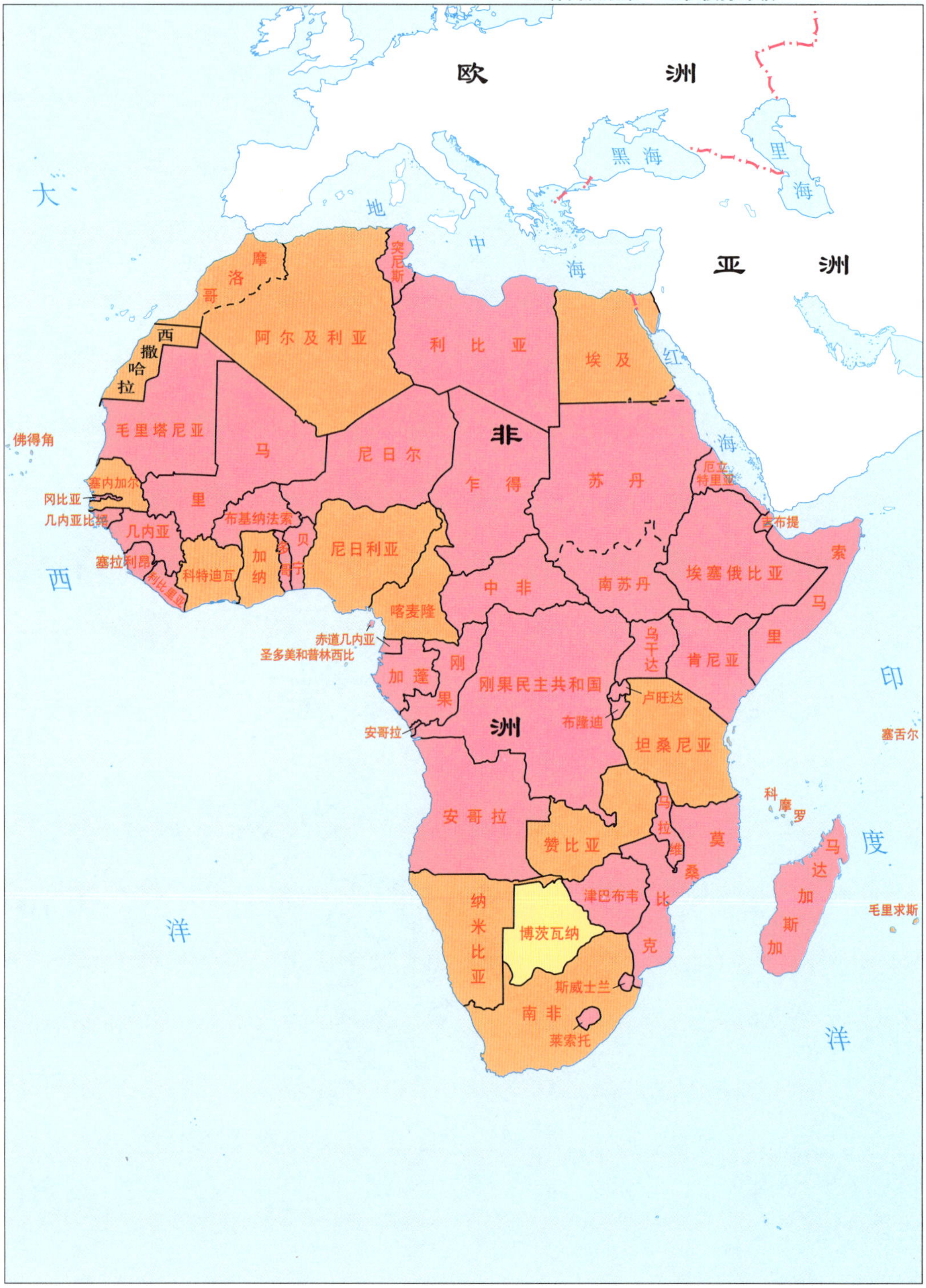

营商风险

风险等级　极低　低　中　高　极高

商业便利性　监管成本　退出成本
政商关系　信贷成本　竞争公平
行政效率　产权保护

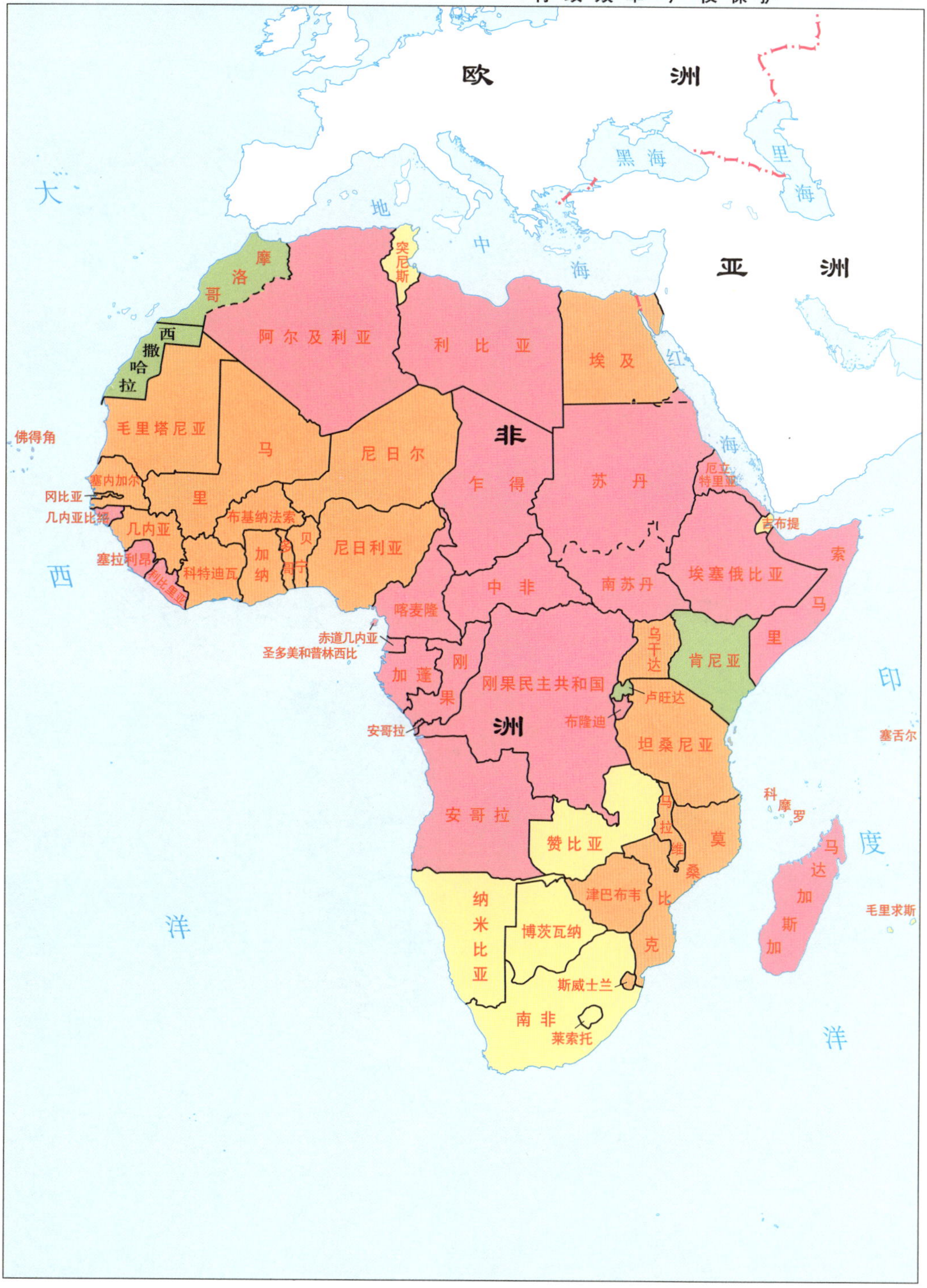

安全风险

风险等级 极低 低 中 高 极高

偷盗破坏 信息失窃
人身伤害 敲诈欺骗
绑架勒索

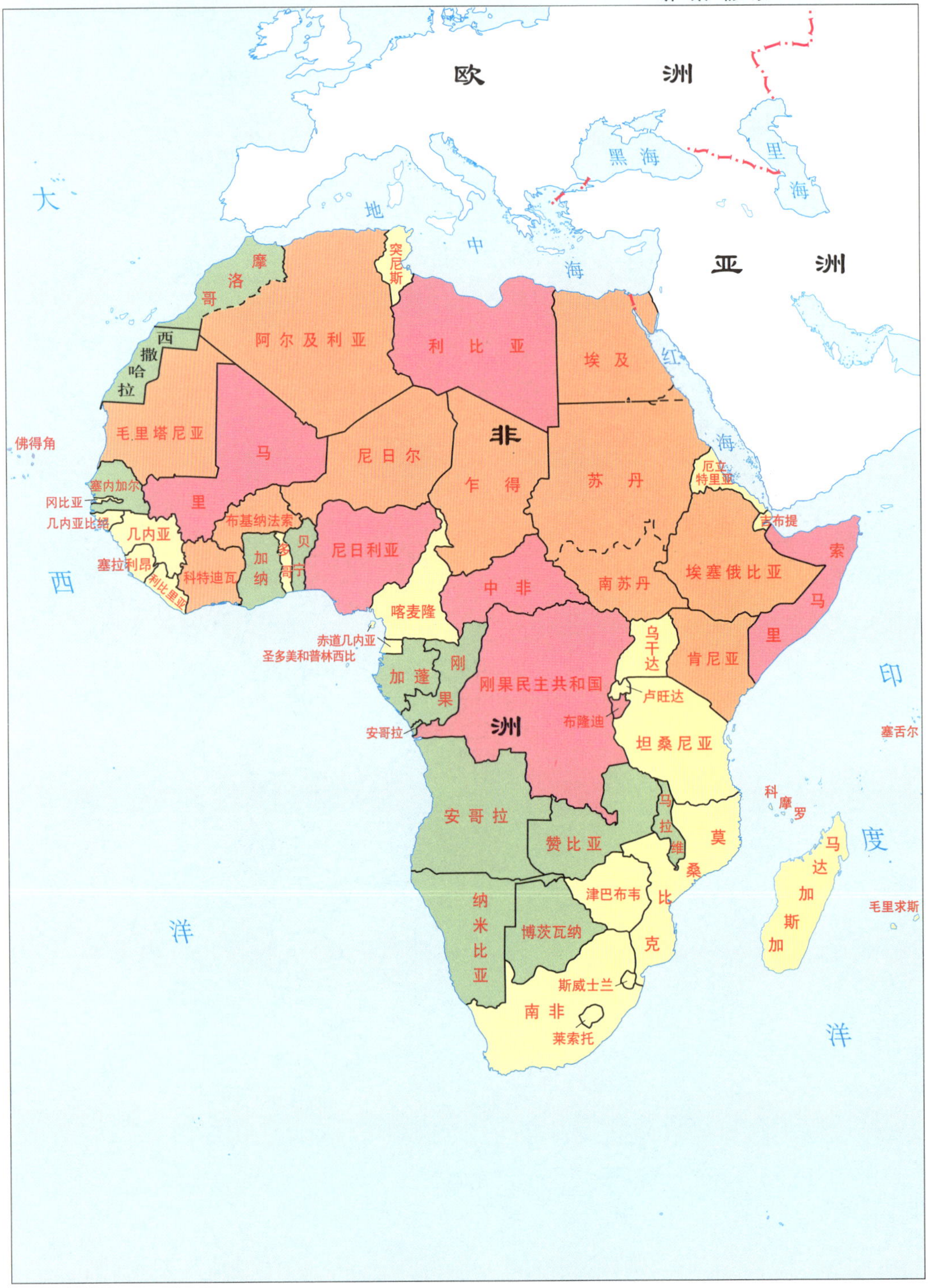

卫 生 风 险

风险等级　极低　低　中　高　极高

饮食环境卫生　药物供应保障
流 行 疫 情　医 疗 成 本
紧急救护能力　公共卫生管理

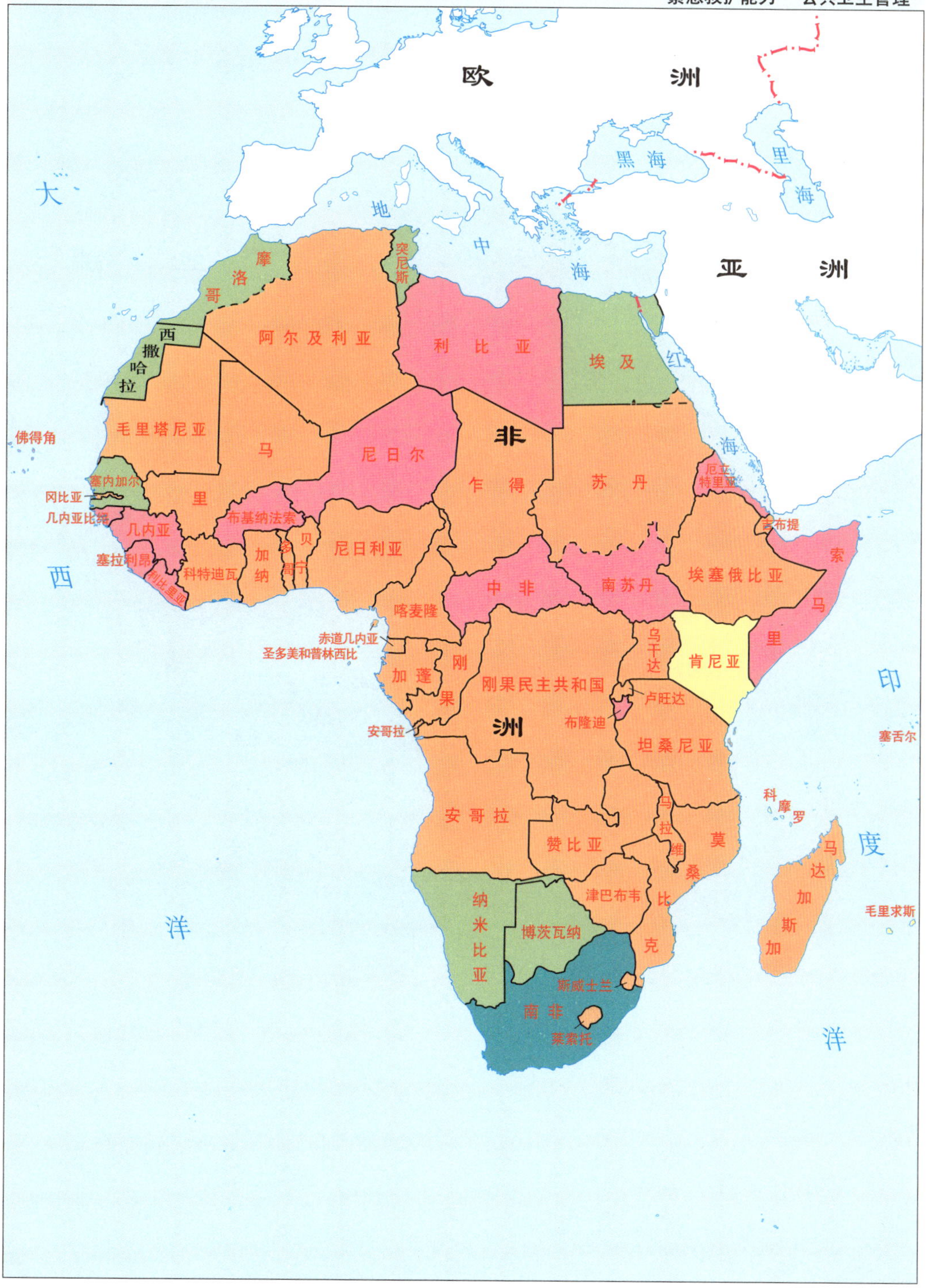

旅 行 风 险

风险等级　极低　中　极高　低　高

战争冲突　暴力犯罪　基础设施　安全应急保障　防灾减灾能力

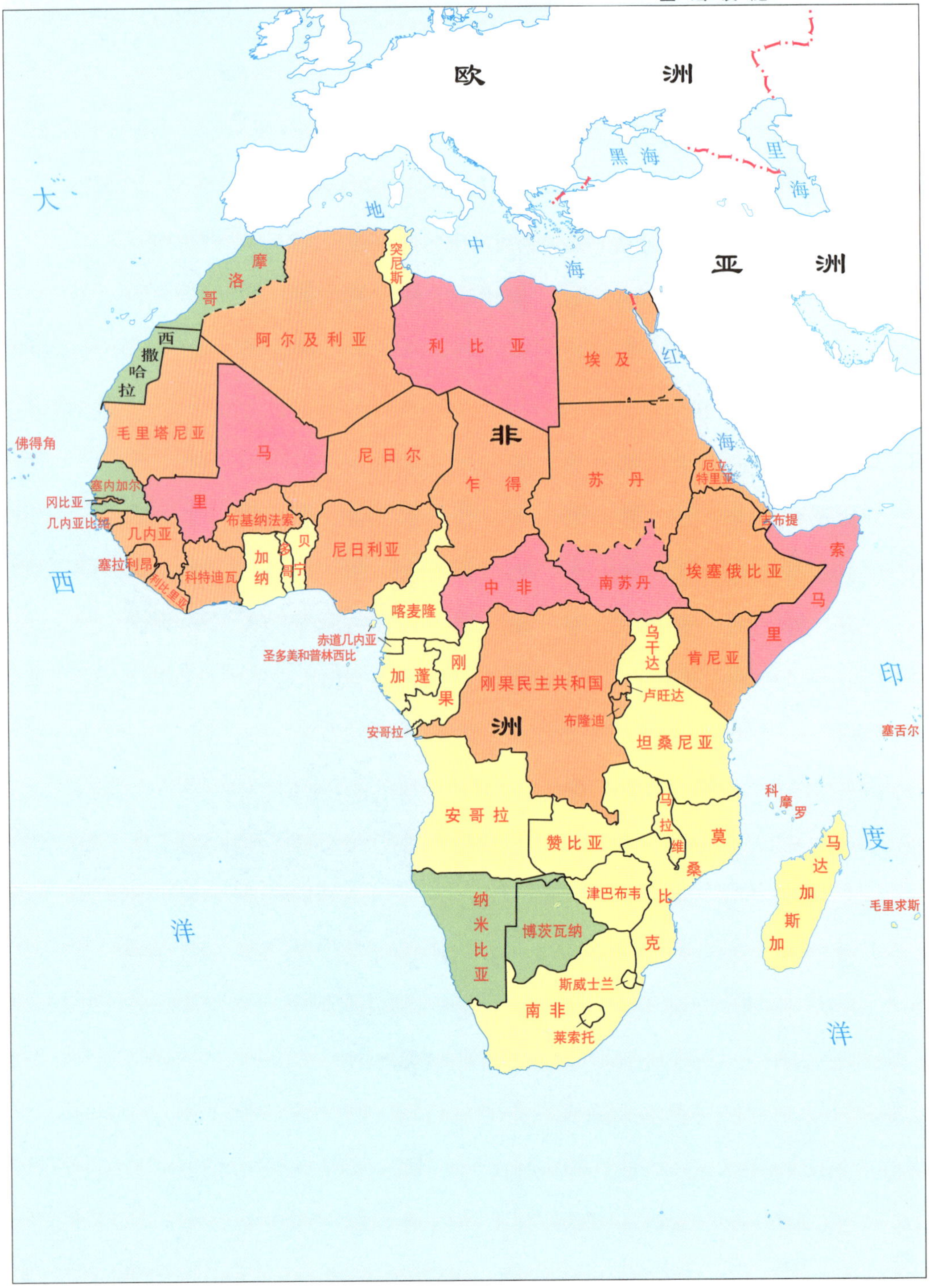

国家风险

风险等级 极低 低 中 高 极高

政治环境 法制环境 经济环境 安全条件 营商环境

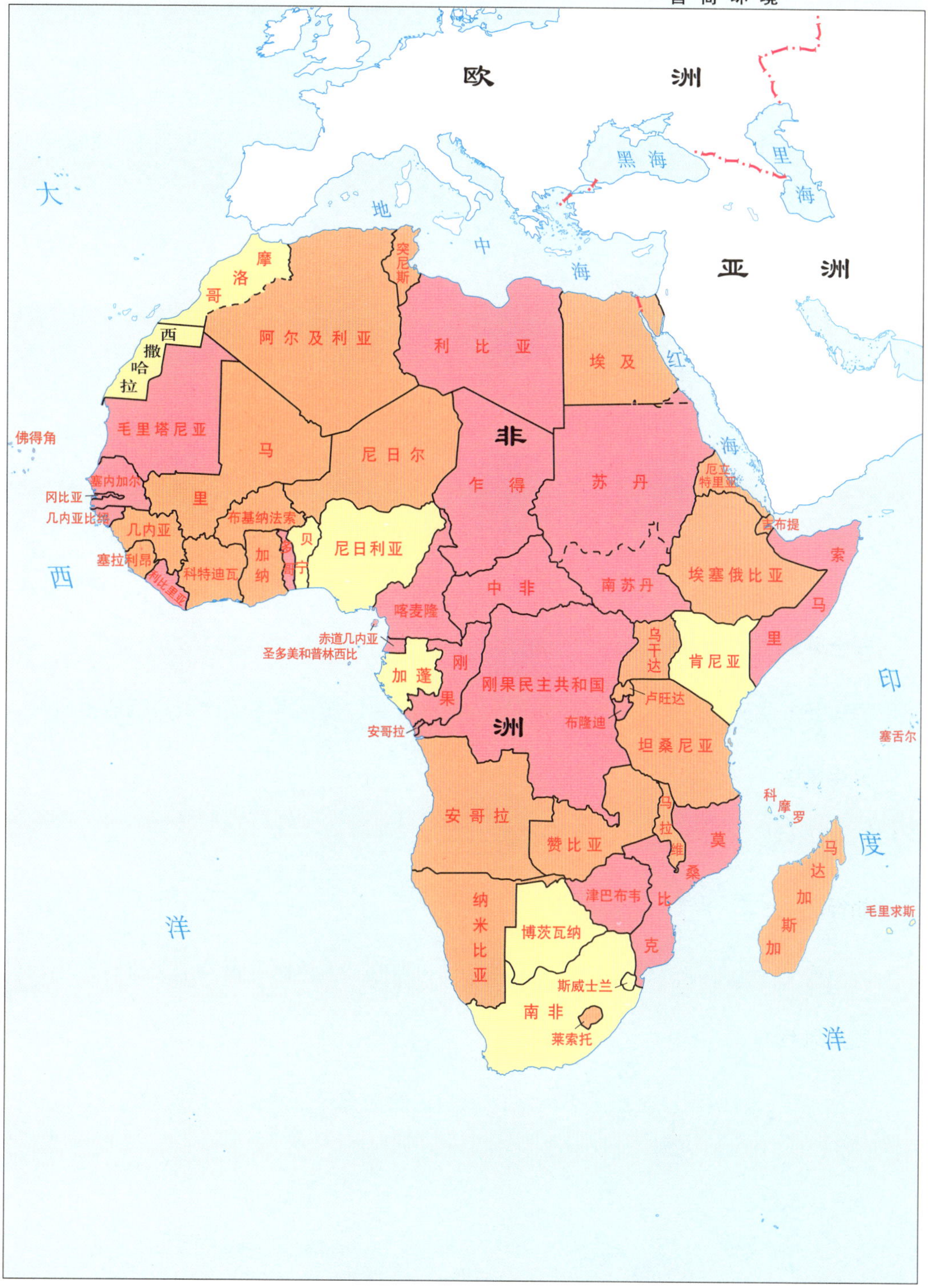

2.4 2019欧洲风险版图

政治风险

欧美分歧日益凸现，受英国脱欧和内部成员国各自为政的影响，欧洲一体化进程受阻；欧盟主要国家极右翼民粹主义升温，游行冲突事件此起彼伏，即将到来的欧洲议会选举增加了欧盟的政治风险。

经济风险

欧洲经济存在下行风险，一旦发生全球性金融危机，欧洲主要经济体将受到严重冲击，债务危机可能引发欧元危机，贸易保护主义将加剧其经济风险。

营商风险

民粹主义和保护主义升温，投资审查趋严，使部分欧洲国家营商风险增大；欧盟通过的《通用数据保护条例》将增大高科技企业的运营风险；部分欧洲国家加入"一带一路"建设，基础设施改善前景可期。

安全风险

恐怖袭击阴云不散，难民潮遗留问题凸现，社会治安及刑事安全威胁仍需提防。

卫生风险

中东欧公共医疗条件及应急救护水平相对稍差。

旅行风险

区域安全风险增加，恐怖袭击、民粹主义和种族主义等问题可能威胁旅行安全。

国家风险

总体来说，受欧洲议会选举不确定性影响，欧洲部分国家综合风险较 2018 年有所增加。

政治风险

风险等级　极低　低　中　高　极高

政权稳定性　内外冲突　民主法制水平
行政绩效　腐败程度

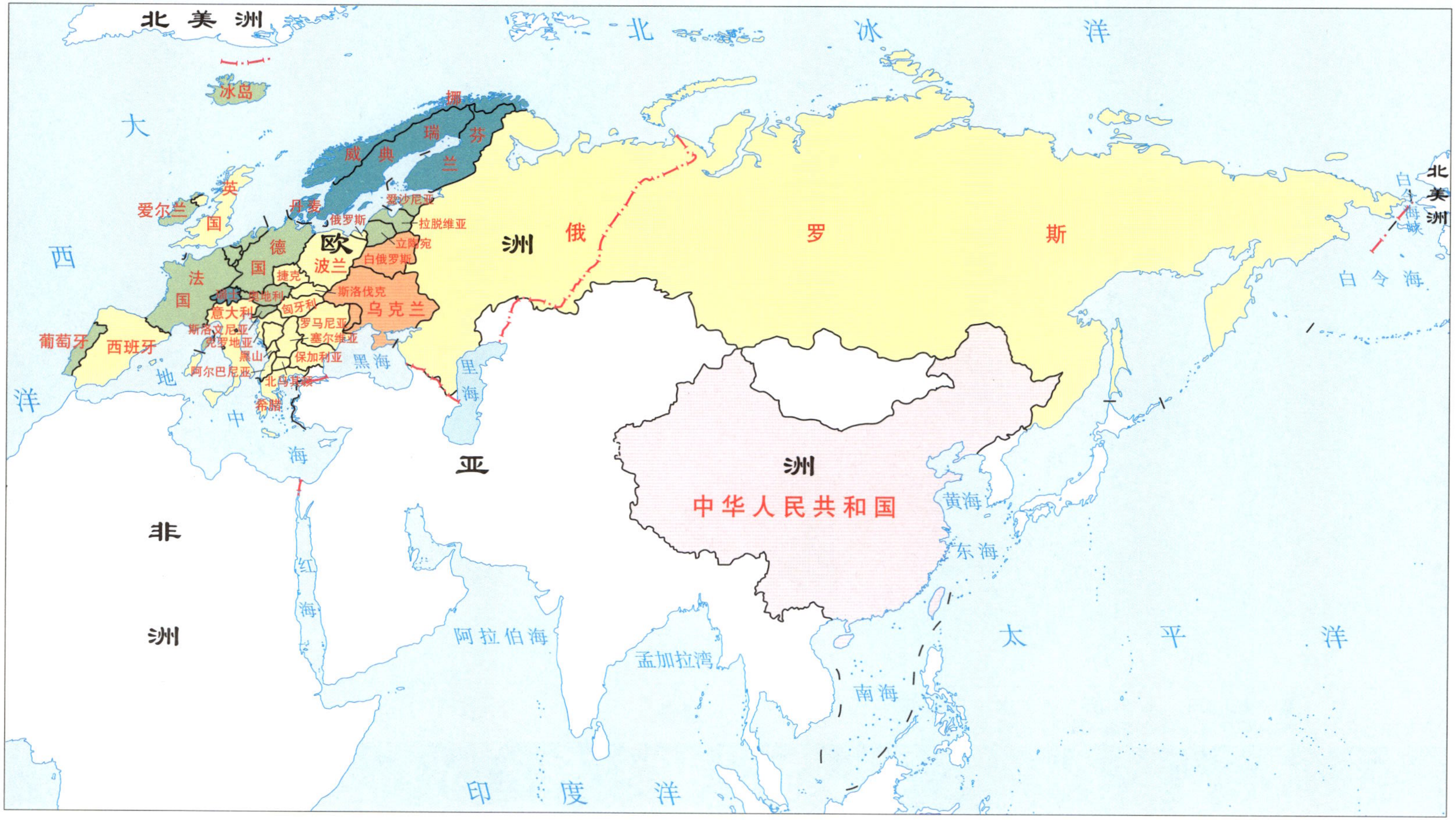

经济风险

风险等级 极低 低 中 高 极高

经济规模 经济增长率 经济发展政策 通货膨胀水平 财政收支状况 主权债务评级 双边经贸关系

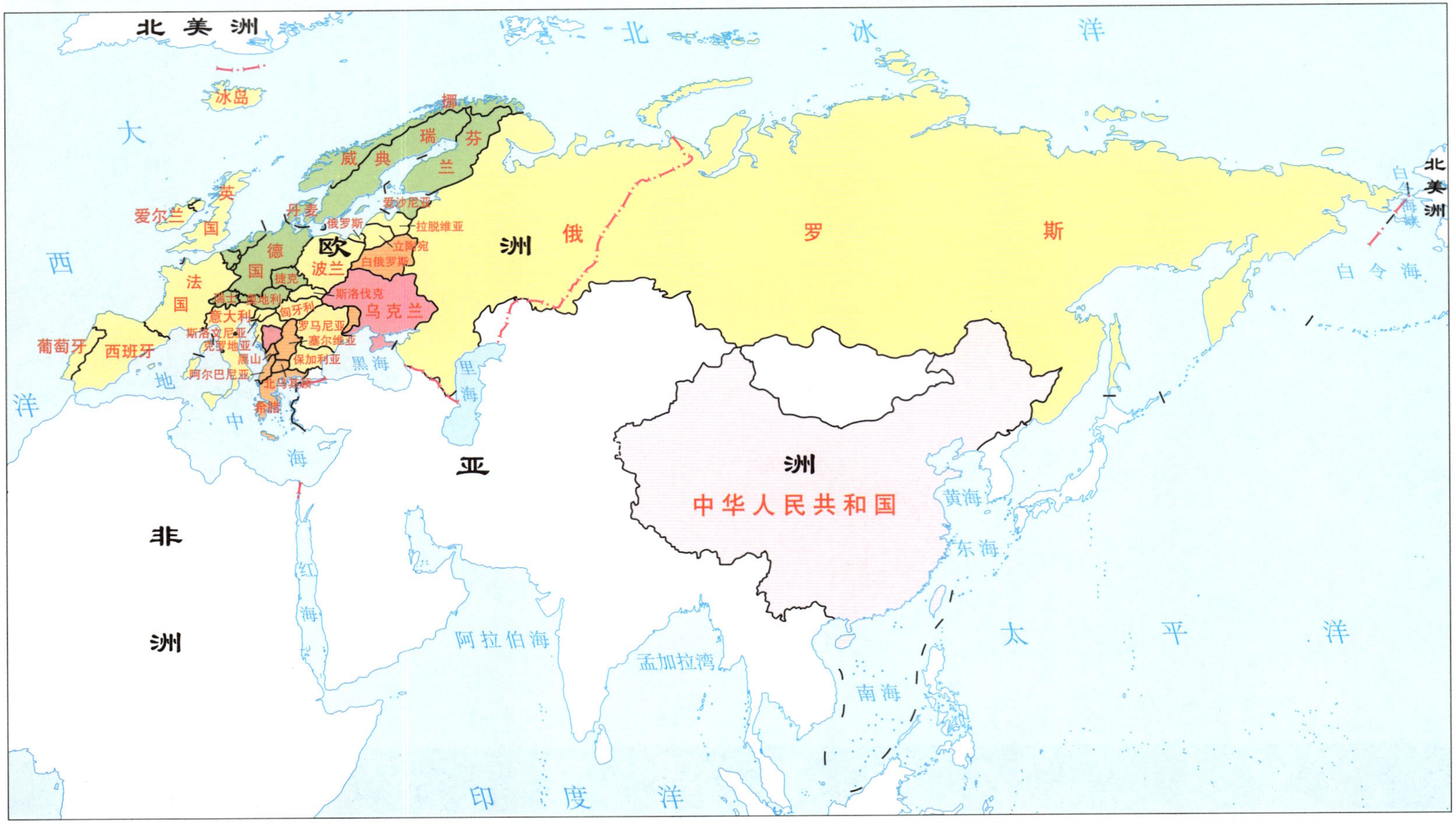

营商风险

风险等级　极低　低　中　高　极高

商业便利性　行政效率　信贷成本　退出成本
政商关系　监管成本　产权保护　竞争公平

安全风险

风险等级 极低 低 中 高 极高

偷盗 破坏 绑架 勒索 敲诈 欺骗
人身伤害 信息失窃

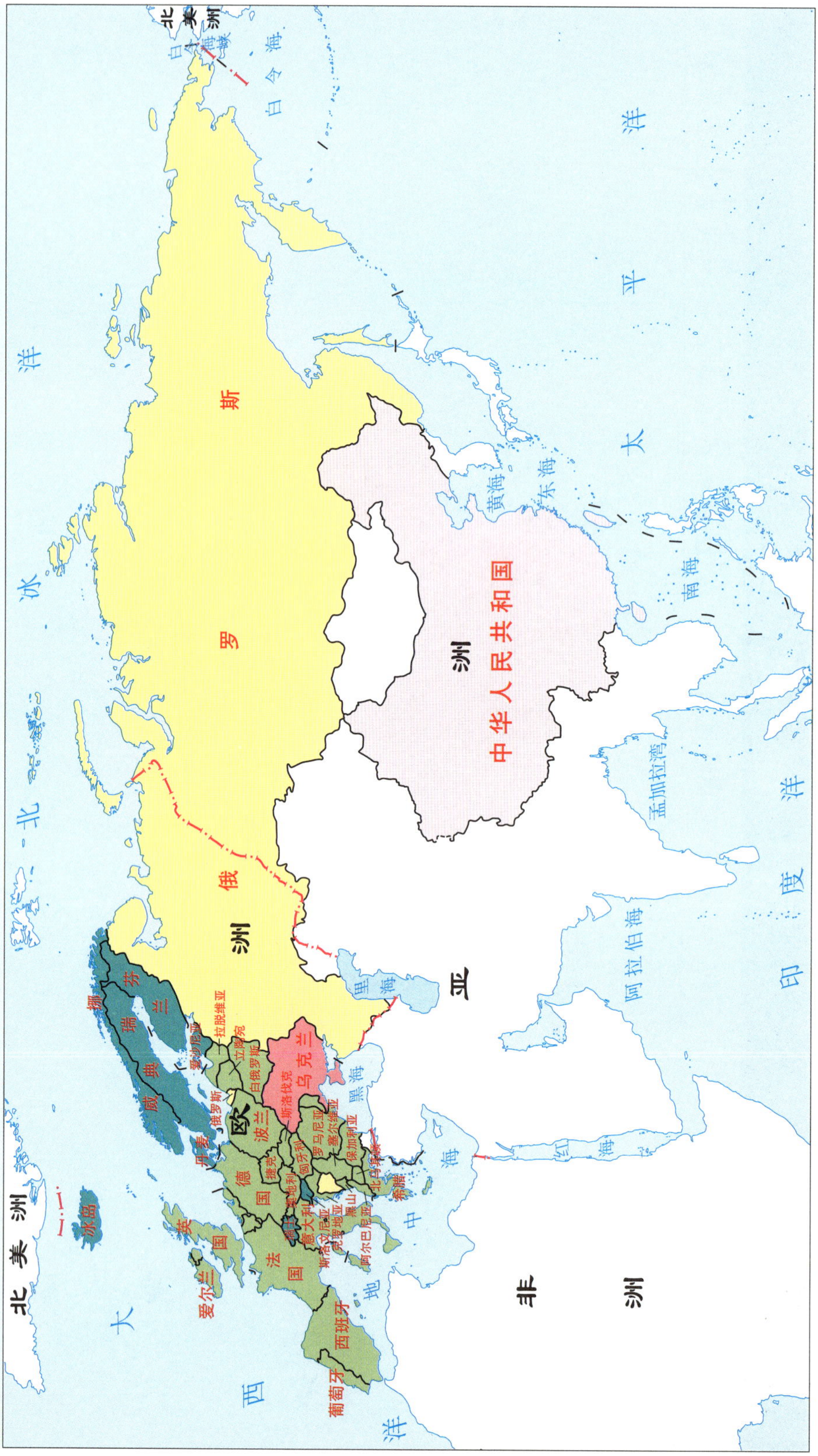

卫生风险

风险等级　极低　低　中　高　极高

饮食环境卫生　紧急救护能力　医疗成本
流行疫情　药物供应保障　公共卫生管理

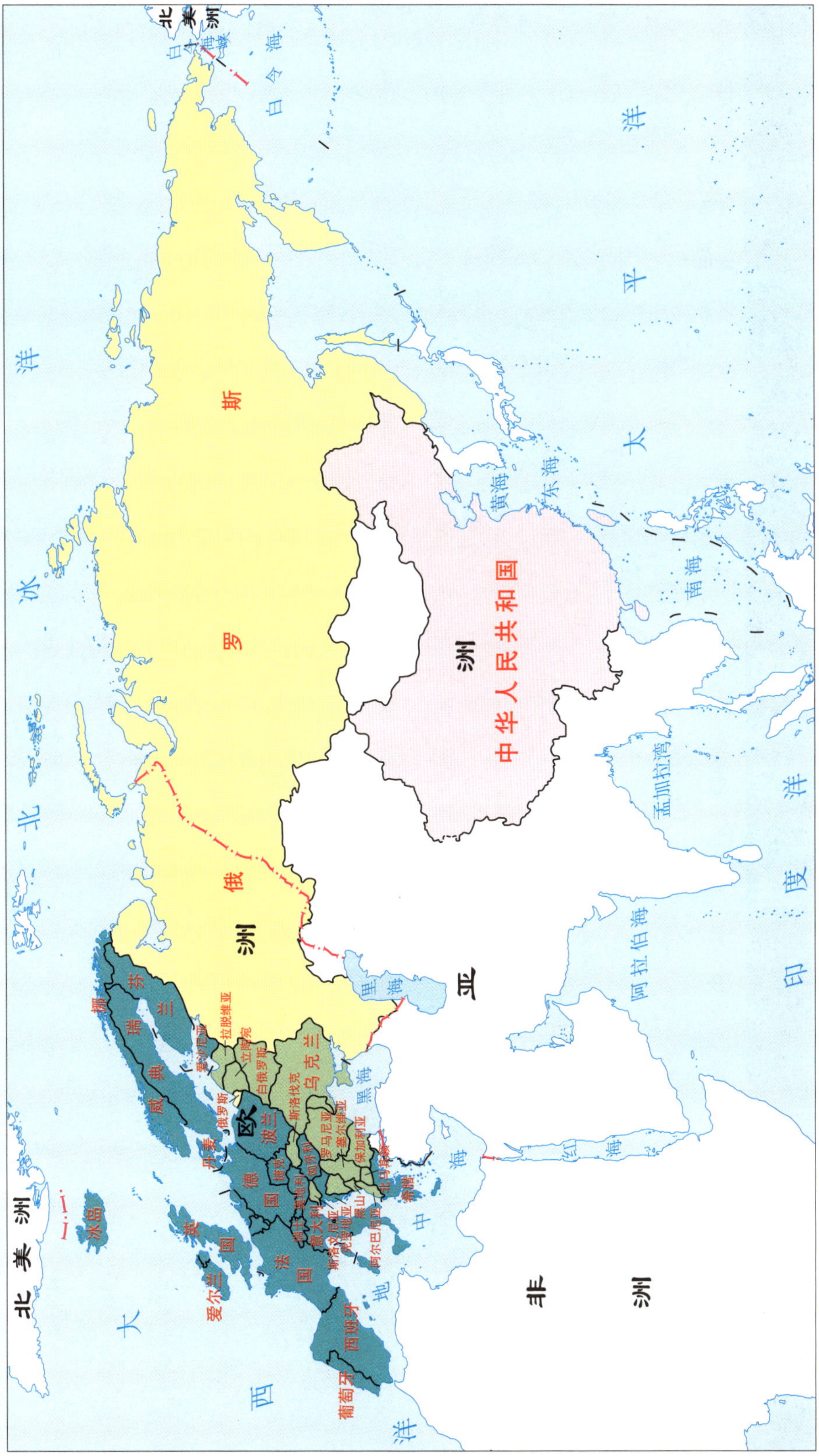

旅行风险

风险等级 极低 低 中 高 极高

战争冲突 暴力犯罪 基础设施 安全应急保障 防灾减灾能力

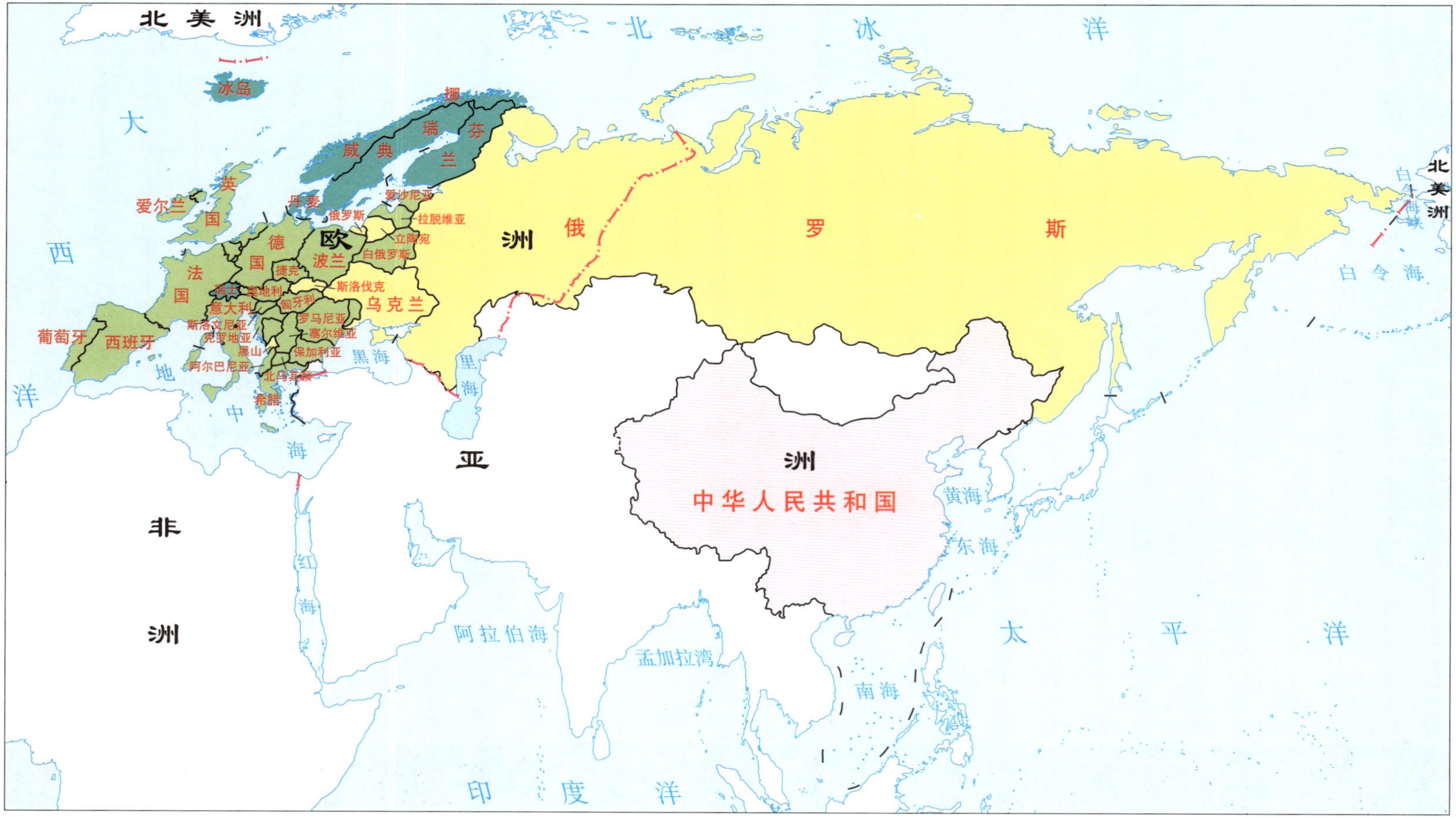

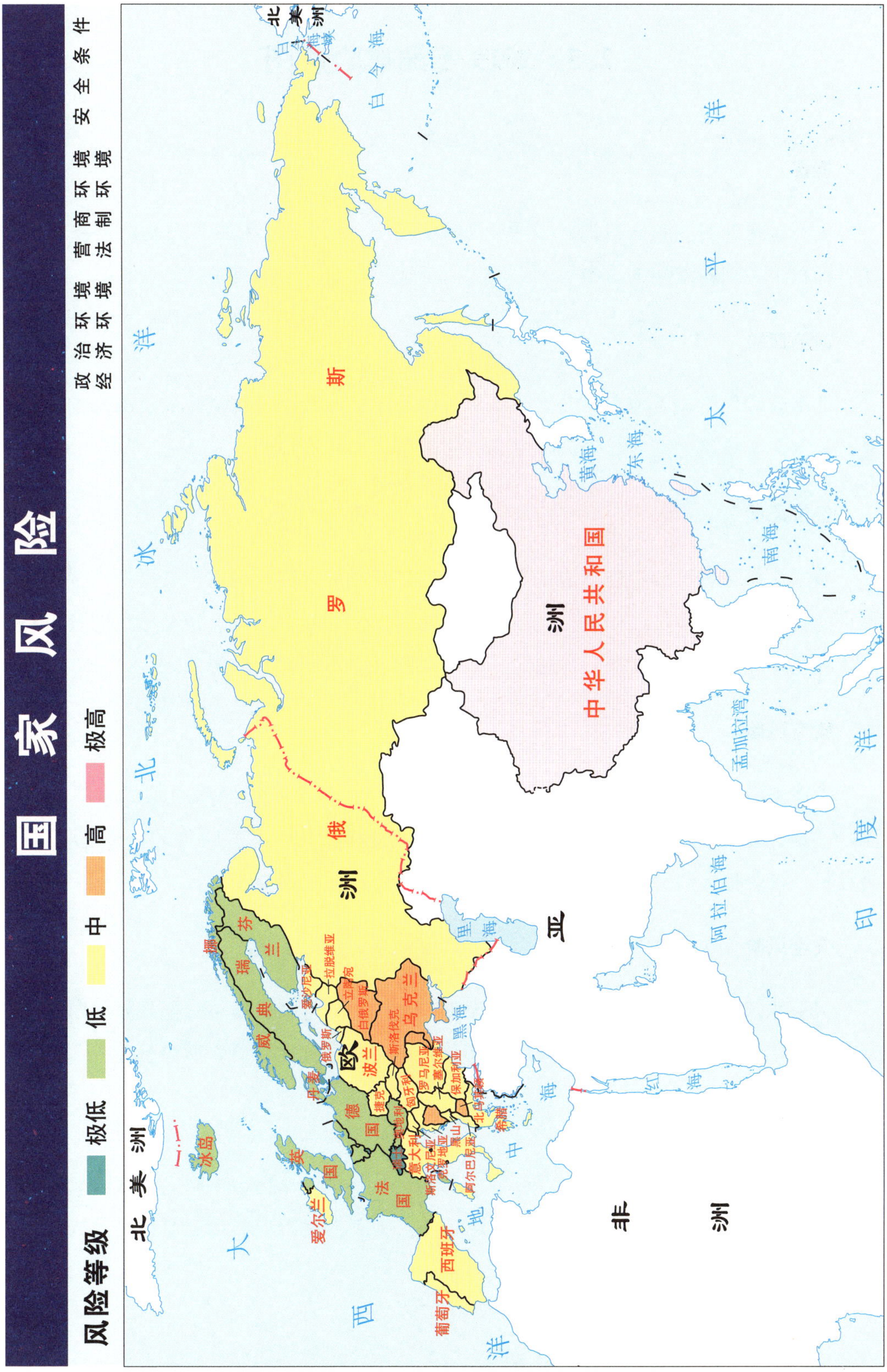
国家风险
风险等级
极低
低
中
高
极高
政治环境
经济环境
营商环境
法制环境
安全条件
俄罗斯
中华人民共和国
乌克兰
白俄罗斯
立陶宛
拉脱维亚
爱沙尼亚
芬兰
瑞典
挪威
丹麦
波兰
斯洛伐克
德国
捷克
奥地利
匈牙利
罗马尼亚
塞尔维亚
保加利亚
黑山
阿尔巴尼亚
北马其顿
希腊
意大利
英国
爱尔兰
法国
西班牙
葡萄牙
冰岛
欧洲
亚洲
非洲
北美洲
北冰洋
太平洋
大西洋
印度洋
地中海
黑海
里海
红海
阿拉伯海
孟加拉湾
南海
东海
黄海
白令海
白令海峡

2.5 2019 美洲风险版图

概况

美洲包括北美洲和南美洲，或者美加和拉丁美洲。美国和加拿大政治经济较为发达，而拉丁美洲则发展不均衡。

政治风险

北美政治风险显著增大，美国政策对美国乃至全球政治经济风险的负面影响日趋明显，加拿大及拉美地区的政治风险尤其受到美国的影响而加大。

经济风险

美国特朗普政府的激进单边主义政策对世界经济的影响日趋加深，周期性金融危机不可避免，股市风险已经预演，债务危机可能引爆全球金融泡沫，逆全球化的贸易拉锯战将在全球危机中进入高潮，本地区其他国家则会受不同程度的影响。

营商风险

干涉主义和种族主义继续撕裂美洲大陆，安全审查立法收紧显著增大外商投资风险。一旦金融危机爆发，整个美洲的营商环境会整体恶化，其影响将远甚于 2008 年次贷危机。拉美地区部分国家社会安全形势严峻，营商环境明显恶化。

安全风险

美加地区治安环境相对较好，但因为枪支泛滥、种族歧视和司法不公等问题，治安形势有恶化趋势。部分拉美国家政局动荡和贩毒问题导致社会治安形势严峻。

旅行风险

美加地区的旅行风险较低，但有增大趋势，尤其要关注枪击风险、种族歧视风险和自然灾害风险。部分拉美国家的旅行风险较高。去美洲旅行应尽量避开特定区域。

卫生风险

本地区卫生风险相对较低，但发展不均衡，需关注局部的流行疫情风险。

国家风险

综上所述，我们建议重点关注美国特朗普政府逆全球化和激进单边主义政策的后续影响，以及如何化解即将到来的金融危机及其影响。

政治风险

风险等级 极低 低 中 高 极高

政权稳定性　腐败程度
行政绩效　民主法制水平
内外冲突

经 济 风 险

风险等级　极低　低　中　高　极高

经 济 规 模　通货膨胀水平　双边经贸关系
经 济 增 长 率　财政收支状况
经济发展政策　主权债务评级

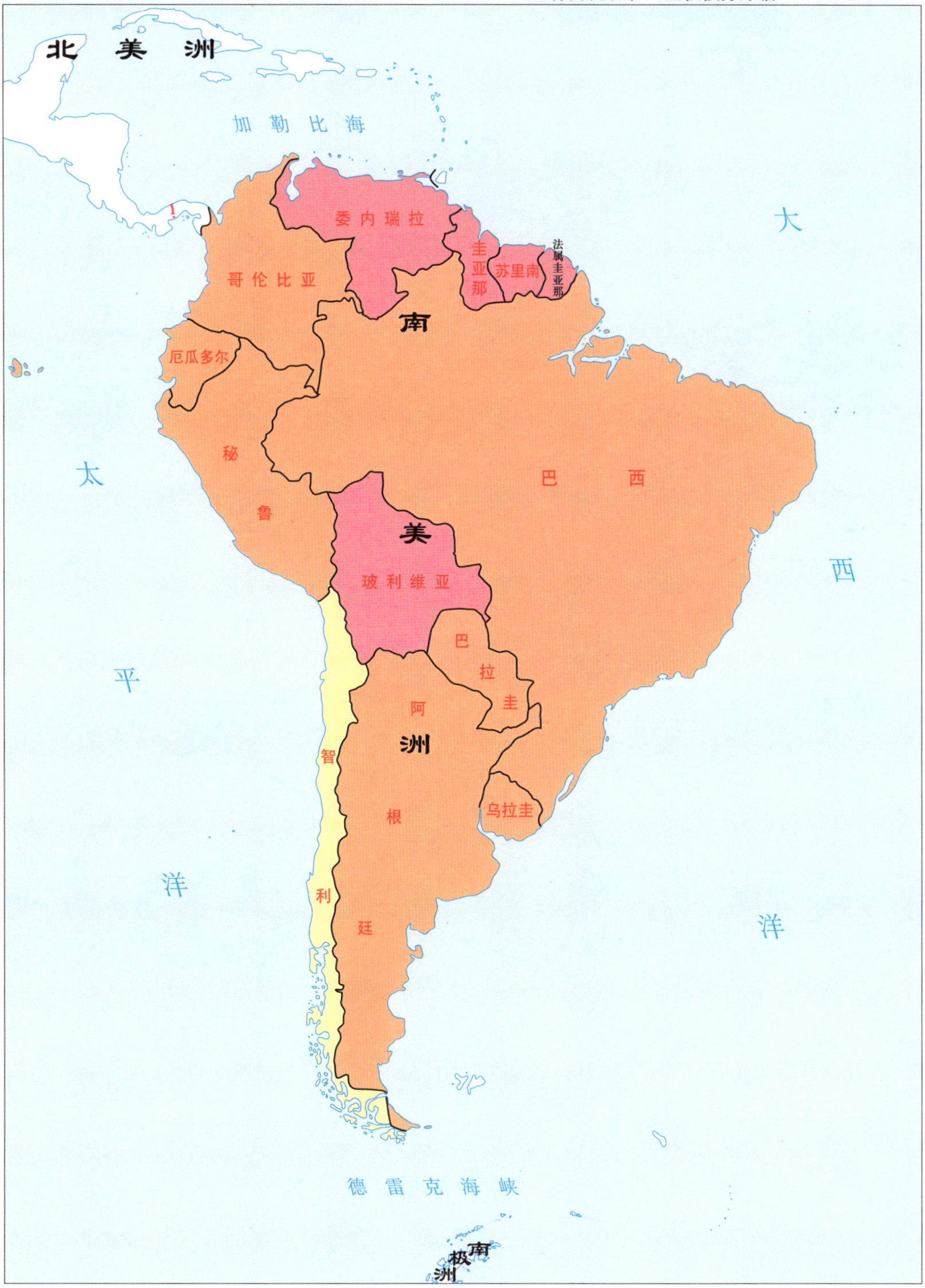

营商风险

风险等级：极低　低　中　高　极高

商业便利性　监管成本　退出成本
政商关系　信贷成本　竞争公平
行政效率　产权保护

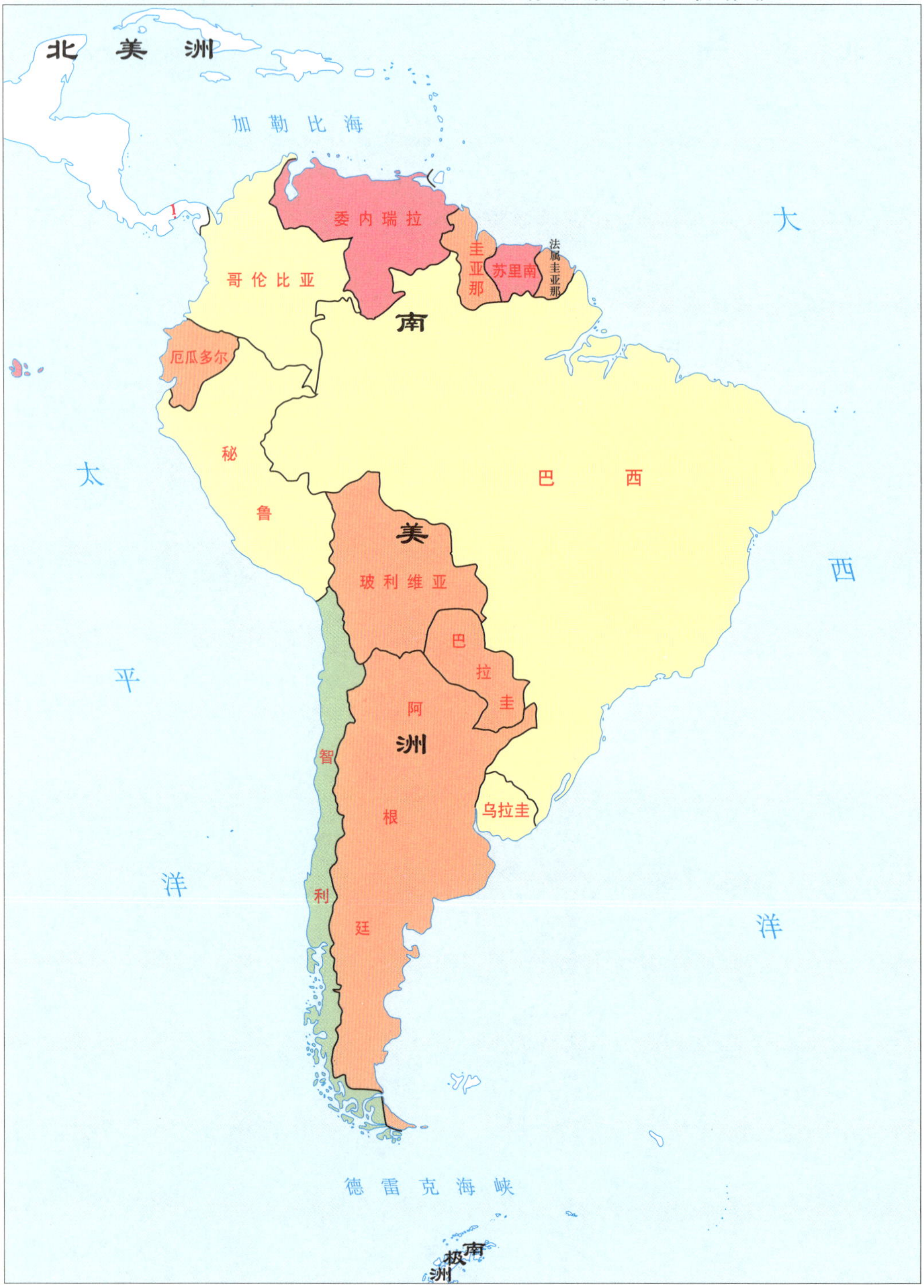

安 全 风 险

风险等级　极低　低　中　高　极高

偷盗破坏　信息失窃
人身伤害　敲诈欺骗
绑架勒索

旅行风险

风险等级

极低　中　极高
低　高

战争冲突　安全应急保障
暴力犯罪　防灾减灾能力
基础设施

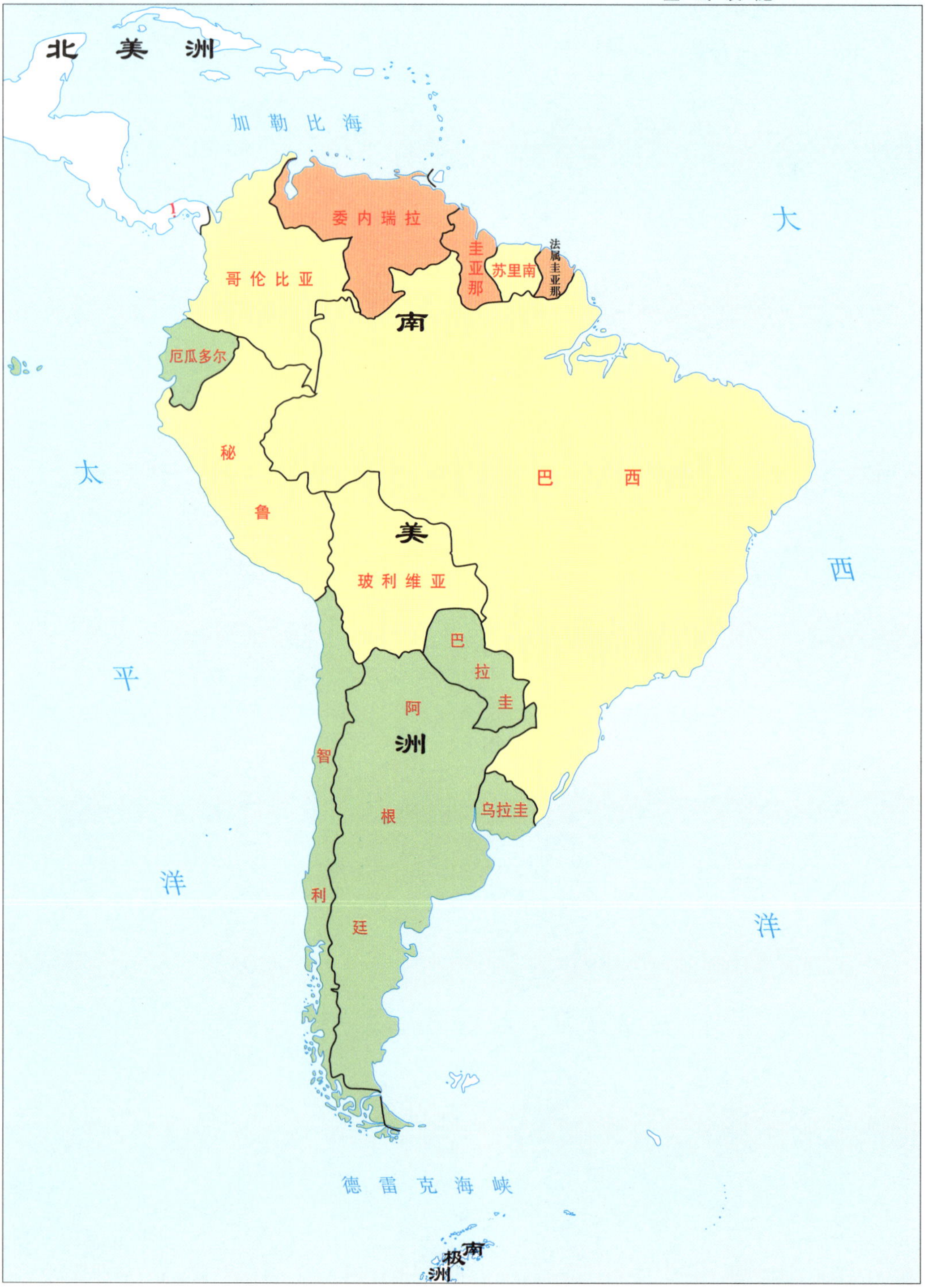

卫 生 风 险

风险等级　极低　中　极高　低　高

饮食环境卫生　药物供应保障
流 行 疫 情　医 疗 成 本
紧急救护能力　公共卫生管理

国家风险

风险等级 极低 低 中 高 极高

政治环境 经济环境 营商环境 法制环境 安全条件

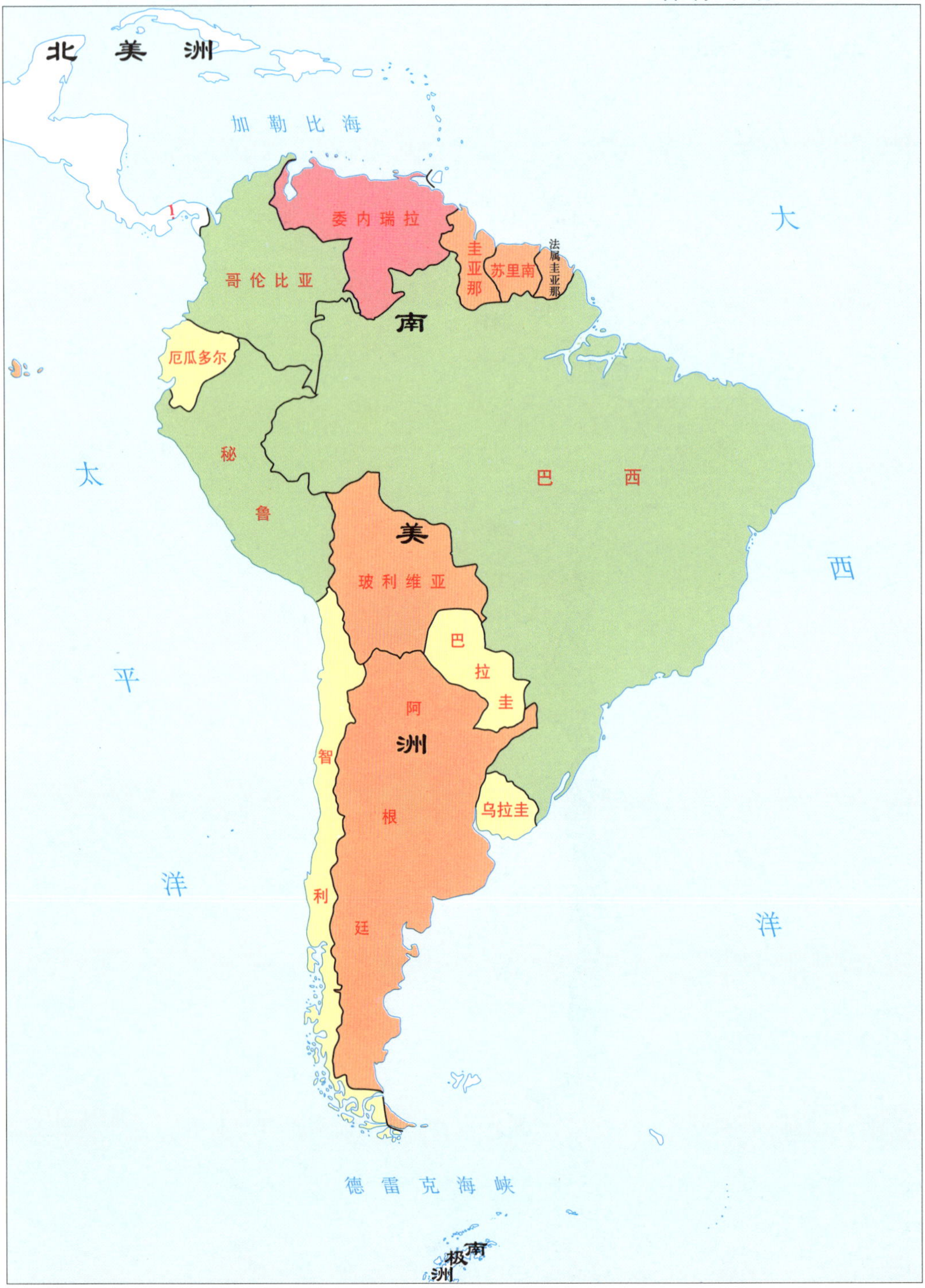

政 治 风 险

风险等级　极低　中　极高　低　高

政权稳定性　腐败程度
行政绩效　民主法制水平
内外冲突

经济风险

风险等级 极低 低 中 高 极高

经济规模 通货膨胀水平 双边经贸关系
经济增长率 财政收支状况
经济发展政策 主权债务评级

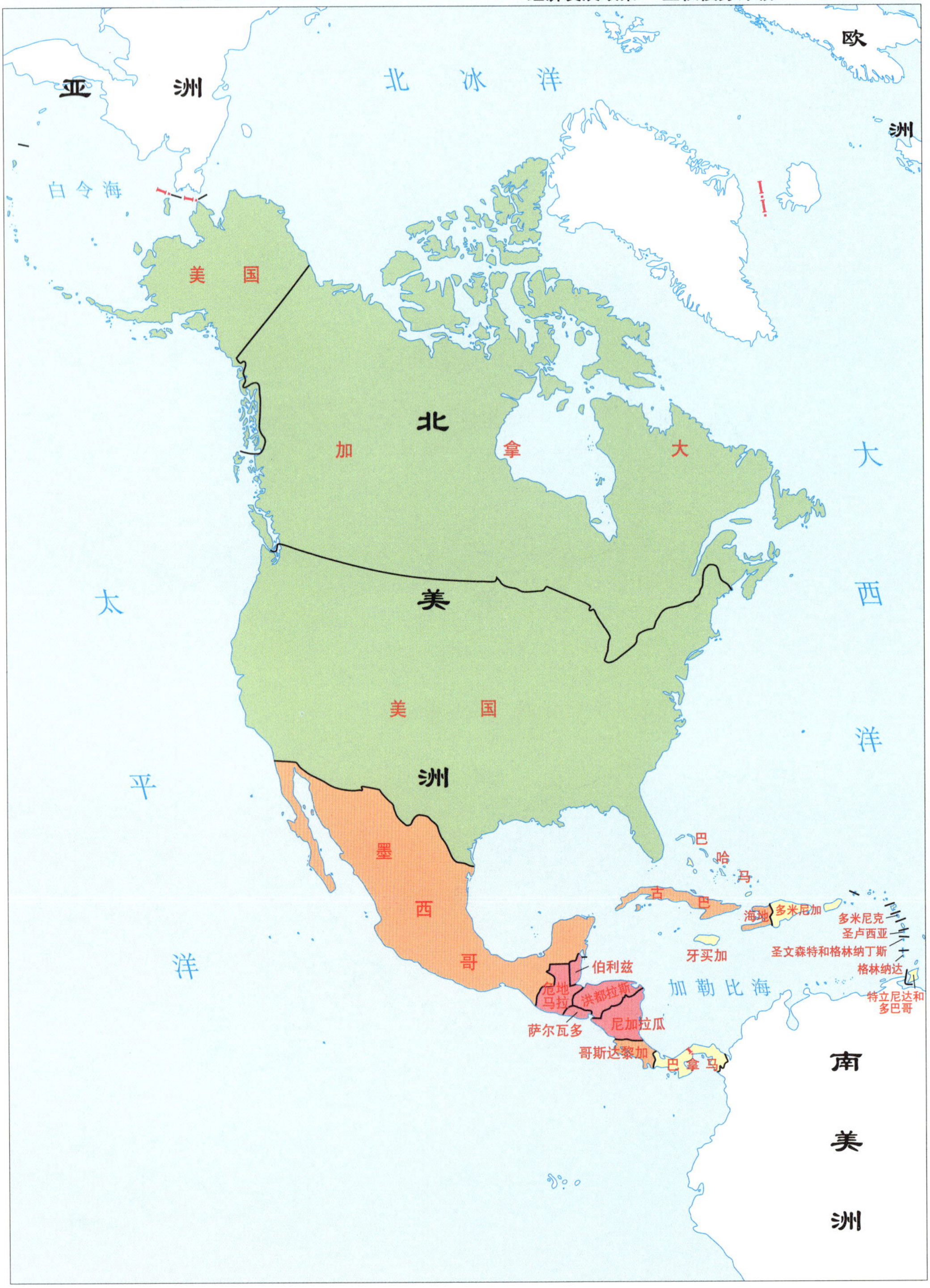

营 商 风 险

风险等级　极低　低　中　高　极高

商业便利性　监管成本　退出成本
政商关系　信贷成本　竞争公平
行政效率　产权保护

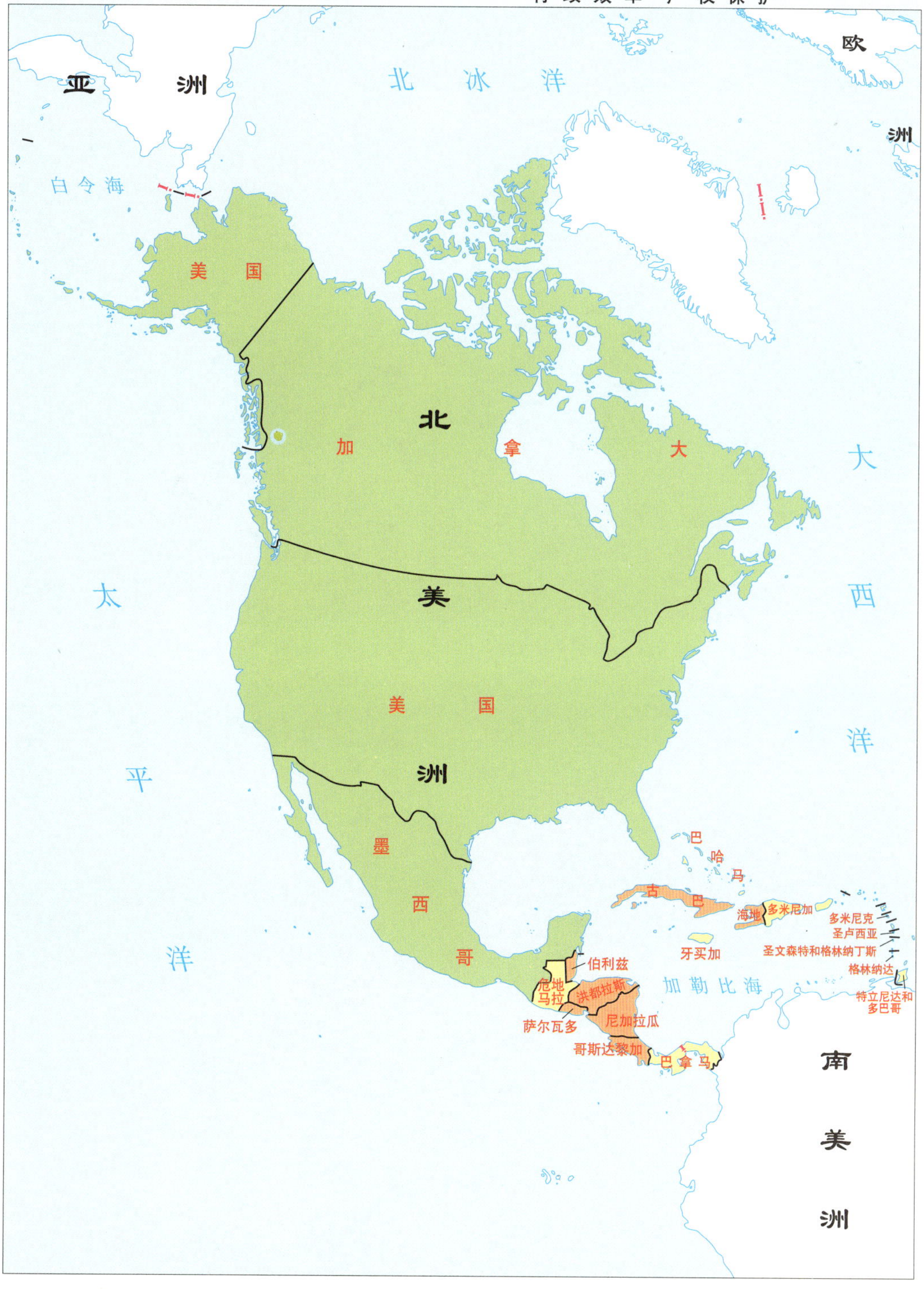

安 全 风 险

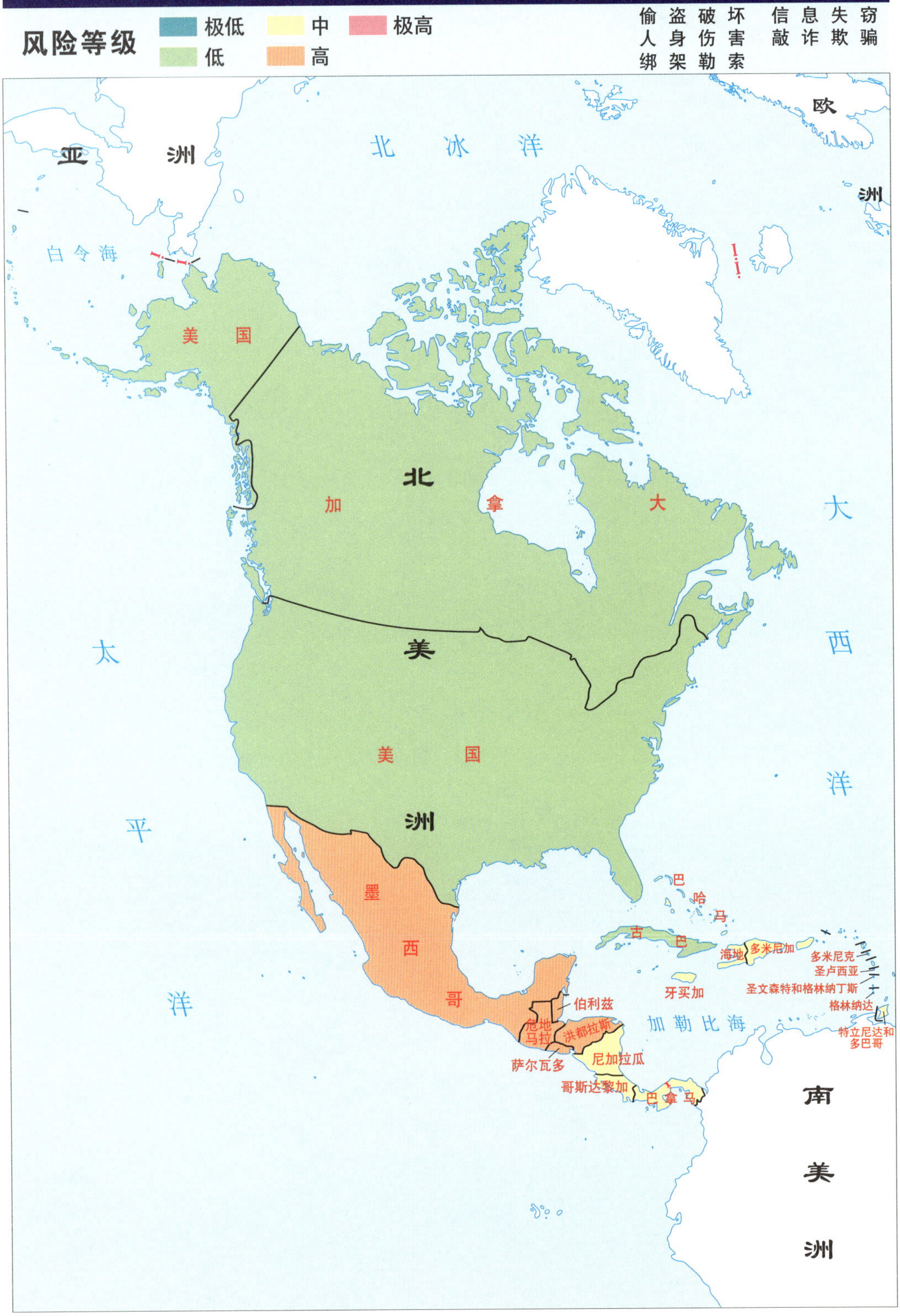
风险等级
极低
低
中
高
极高
偷盗破坏
人身伤害
绑架勒索
信息失窃
敲诈欺骗
亚 洲
北 冰 洋
欧
洲
白令海
美 国
北
加
拿
大
美
美 国
洲
太
平
洋
大
西
洋
墨
西
哥
巴
哈
马
古
巴
海地
多米尼加
多米尼克
圣卢西亚
圣文森特和格林纳丁斯
格林纳达
特立尼达和多巴哥
牙买加
伯利兹
危地马拉
洪都拉斯
萨尔瓦多
尼加拉瓜
哥斯达黎加
巴拿马
加勒比海
南
美
洲

旅行风险

风险等级：极低　低　中　高　极高

战争冲突　暴力犯罪　基础设施　安全应急保障　防灾减灾能力

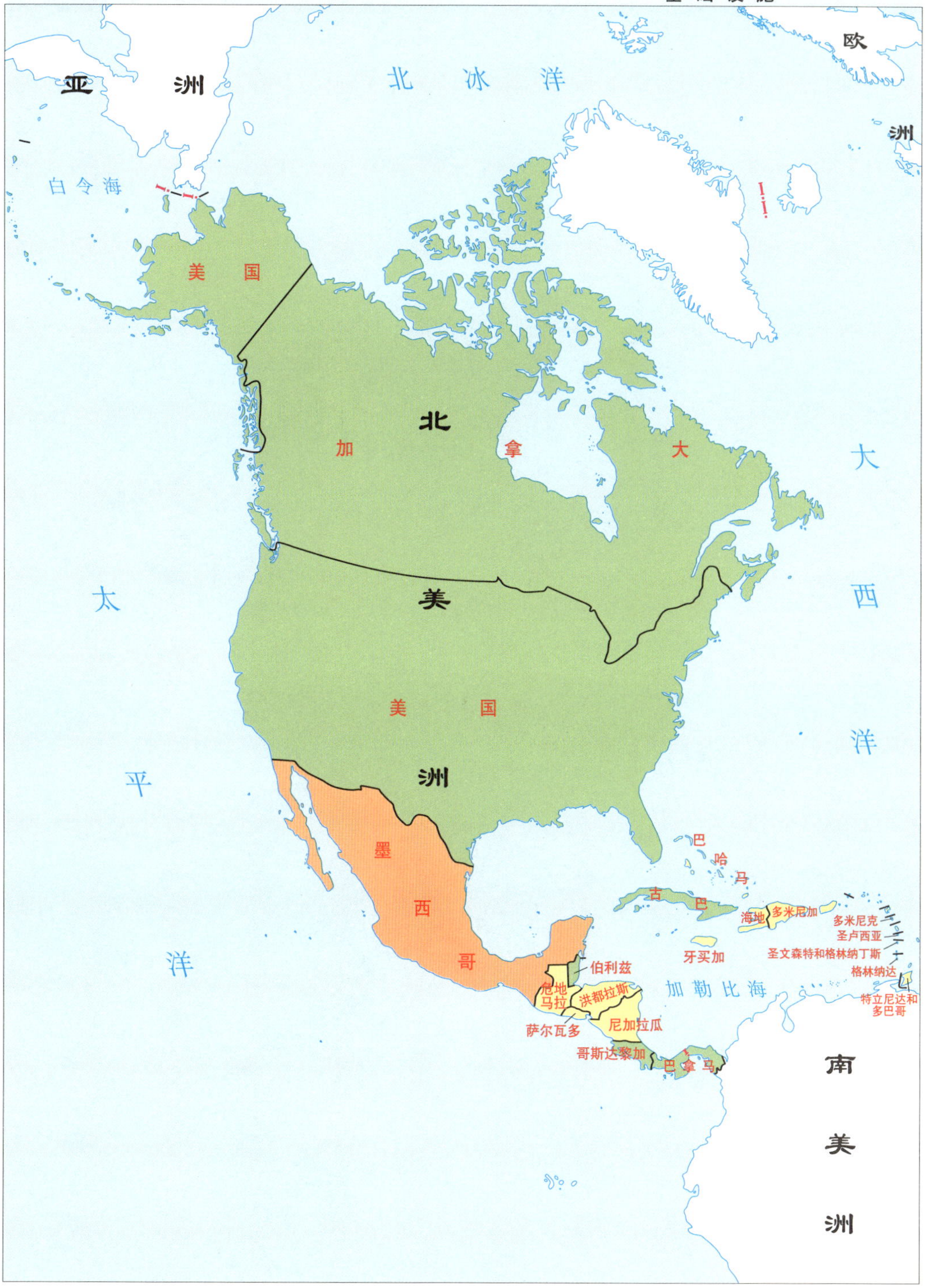

卫生风险

风险等级 极低 低 中 高 极高

饮食环境卫生 药物供应保障
流 行 疫 情 医 疗 成 本
紧急救护能力 公共卫生管理

国家风险

风险等级

极低　低　中　高　极高

政治环境　法制环境
经济环境　安全条件
营商环境

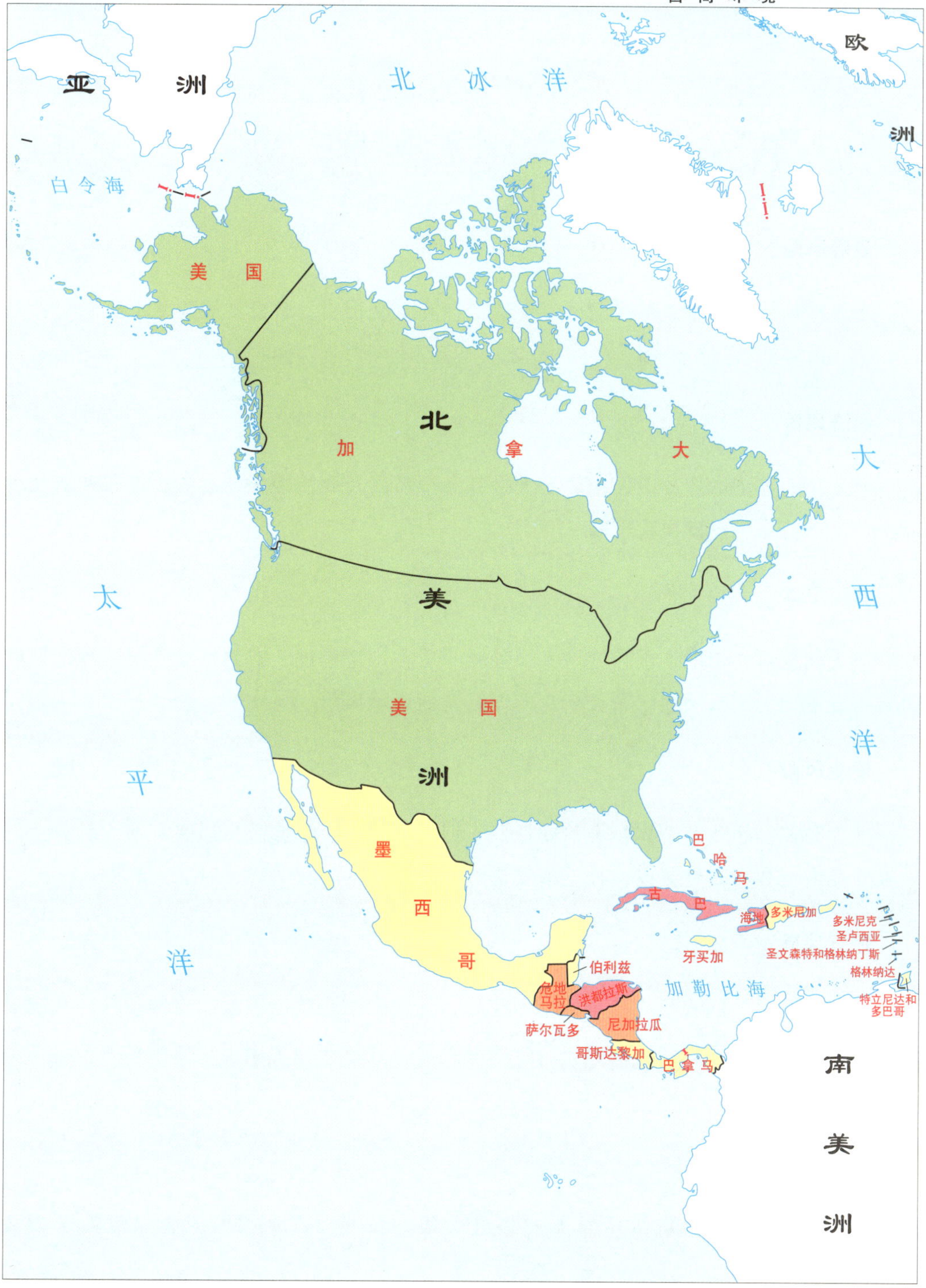

2.6 2019 大洋洲风险版图

区域概况

大洋洲 15 国包括澳大利亚、新西兰、巴布亚新几内亚、所罗门群岛、瓦努阿图、密克罗尼西亚联邦、马绍尔群岛、帕劳、瑙鲁、基里巴斯、图瓦卢、萨摩亚、斐济、汤加、纽埃。

政治风险

澳大利亚政治稳定性不强的风险延续，种族主义抬头，政策性风险呈上升趋势；巴布亚新几内亚政治风险较高。

经济风险

澳大利亚经济增速放缓，主要受大宗商品交易以及政治因素的影响；巴布亚新几内亚经济基础薄弱，经济风险较高。

营商风险

澳大利亚对外资的审查力度增大，种族矛盾在一定程度上威胁社会稳定，营商环境风险持续增加。同时关注巴布亚新几内亚的营商环境风险。

安全风险

澳大利亚和新西兰总体社会治安良好，但种族主义、恐怖袭击风险有增大趋势；巴布亚新几内亚暴力案件频发，社会治安形势严峻。

旅行风险

该区域新西兰的旅行安全条件整体较好，其他国家受政治因素、自然条件、基础设施、社会治安水平等因素的影响，旅行风险较高，并且在与中国未建交国家有公民领事保护方面的问题。

卫生风险

该区域澳大利亚、新西兰两国公共卫生条件较好，其余国家卫生风险处于较高等级。

国家风险

该区域地理分布与经济发展水平不均衡。澳大利亚和新西兰经济较好，属于发达国家，其余国家存在经济基础较为薄弱、卫生条件较差、社会治安不稳等不同方面的问题。

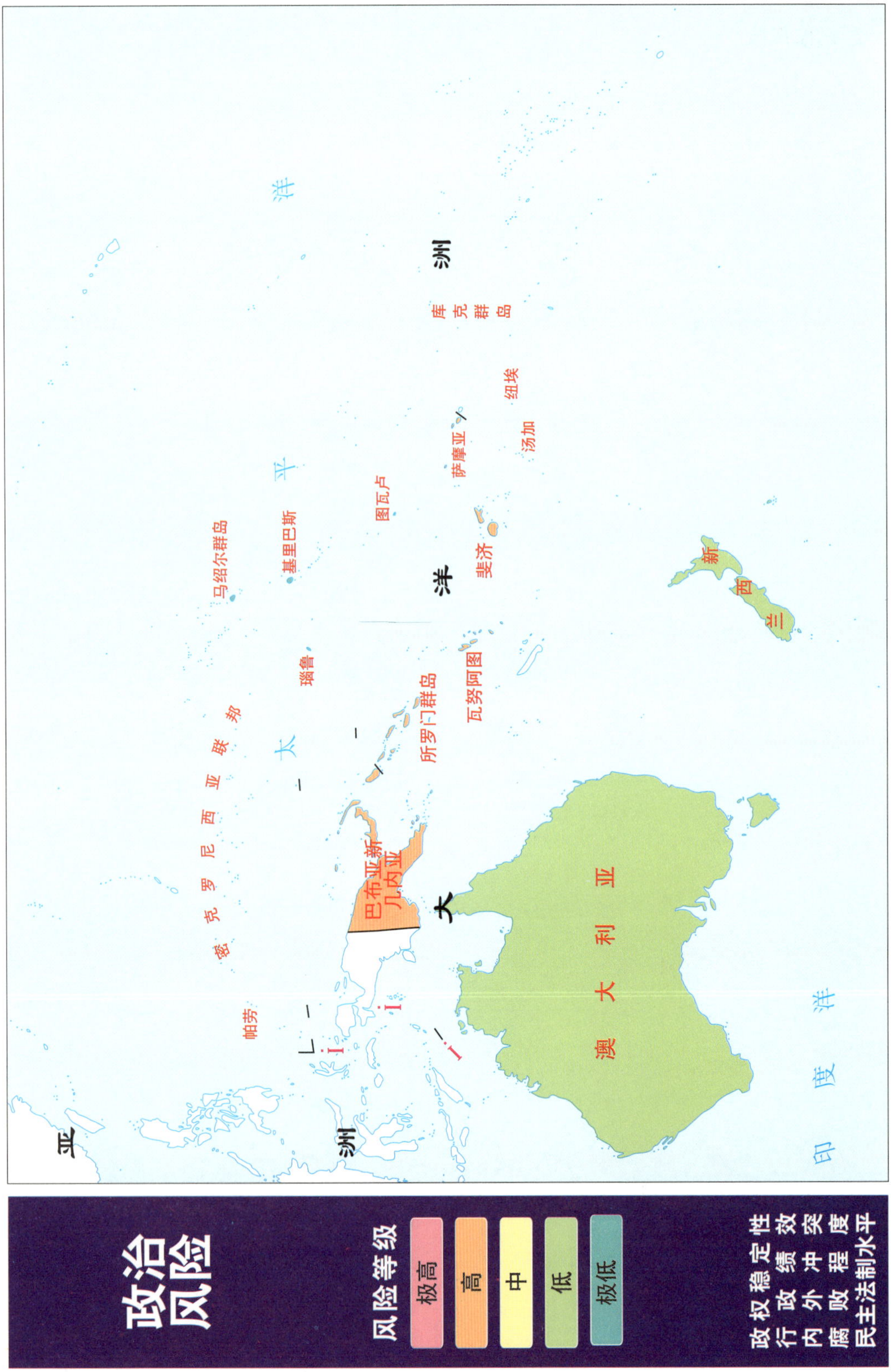
政治风险
风险等级
极高
高
中
低
极低
政权稳定性
行政绩效
内外冲突
腐败程度
民主法制水平
太平洋
大洋洲
印度洋
亚洲
澳大利亚
新西兰
巴布亚新几内亚
所罗门群岛
瓦努阿图
斐济
汤加
萨摩亚
纽埃
库克群岛
图瓦卢
基里巴斯
马绍尔群岛
瑙鲁
密克罗尼西亚联邦
帕劳

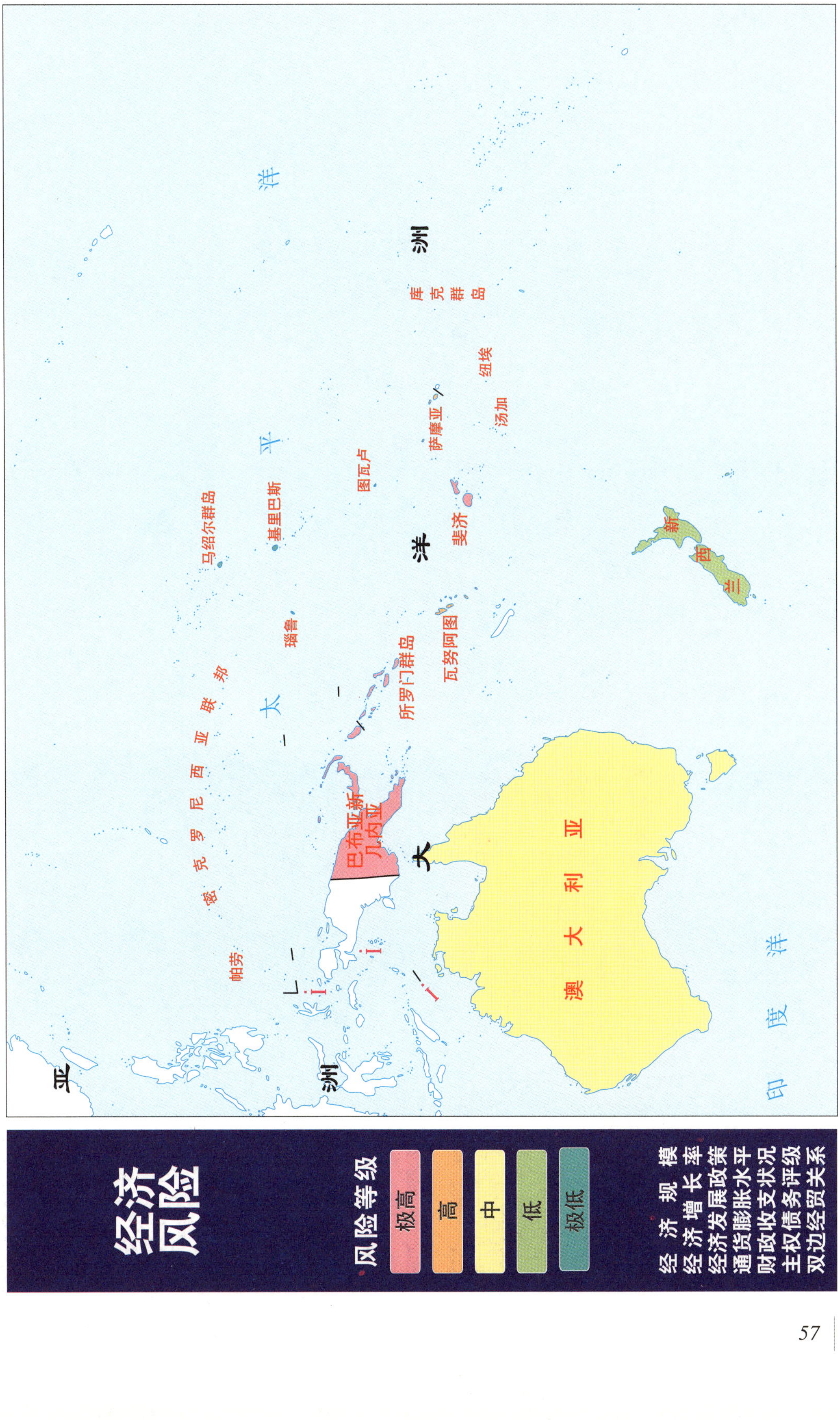

太平洋
大洋洲
印度洋
亚洲
澳大利亚
新西兰
巴布亚新几内亚
所罗门群岛
瓦努阿图
斐济
图瓦卢
萨摩亚
汤加
纽埃
库克群岛
基里巴斯
马绍尔群岛
瑙鲁
密克罗尼西亚联邦
帕劳
经济风险
风险等级
极高
高
中
低
极低
经济规模
经济增长率
经济发展政策
通货膨胀水平
财政收支状况
主权债务评级
双边经贸关系

营商风险

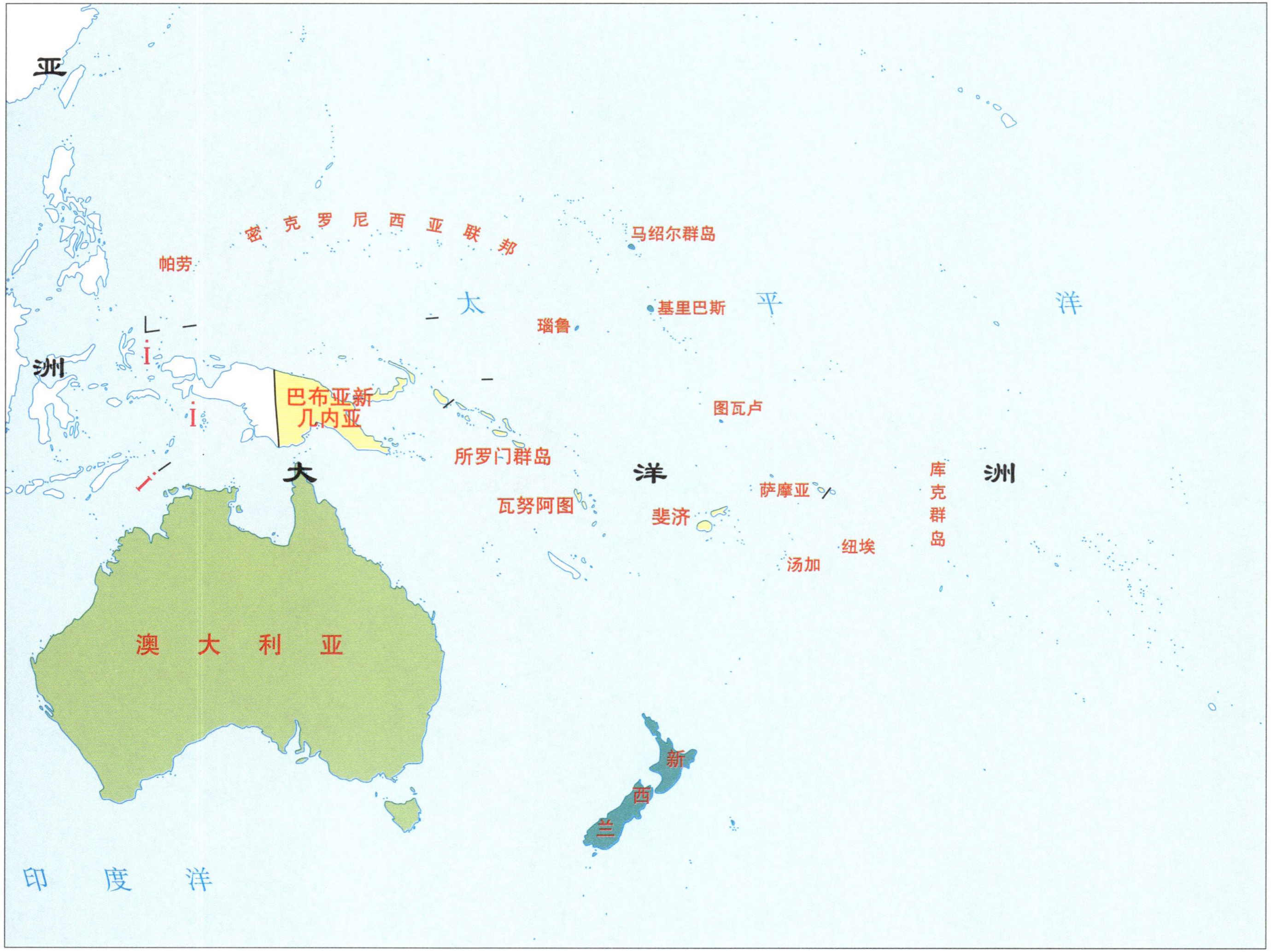

风险等级

- 极高
- 高
- 中
- 低
- 极低

商业便利性
政商关系
行政效率
监管成本
信贷成本
产权保护
退出成本
竞争公平

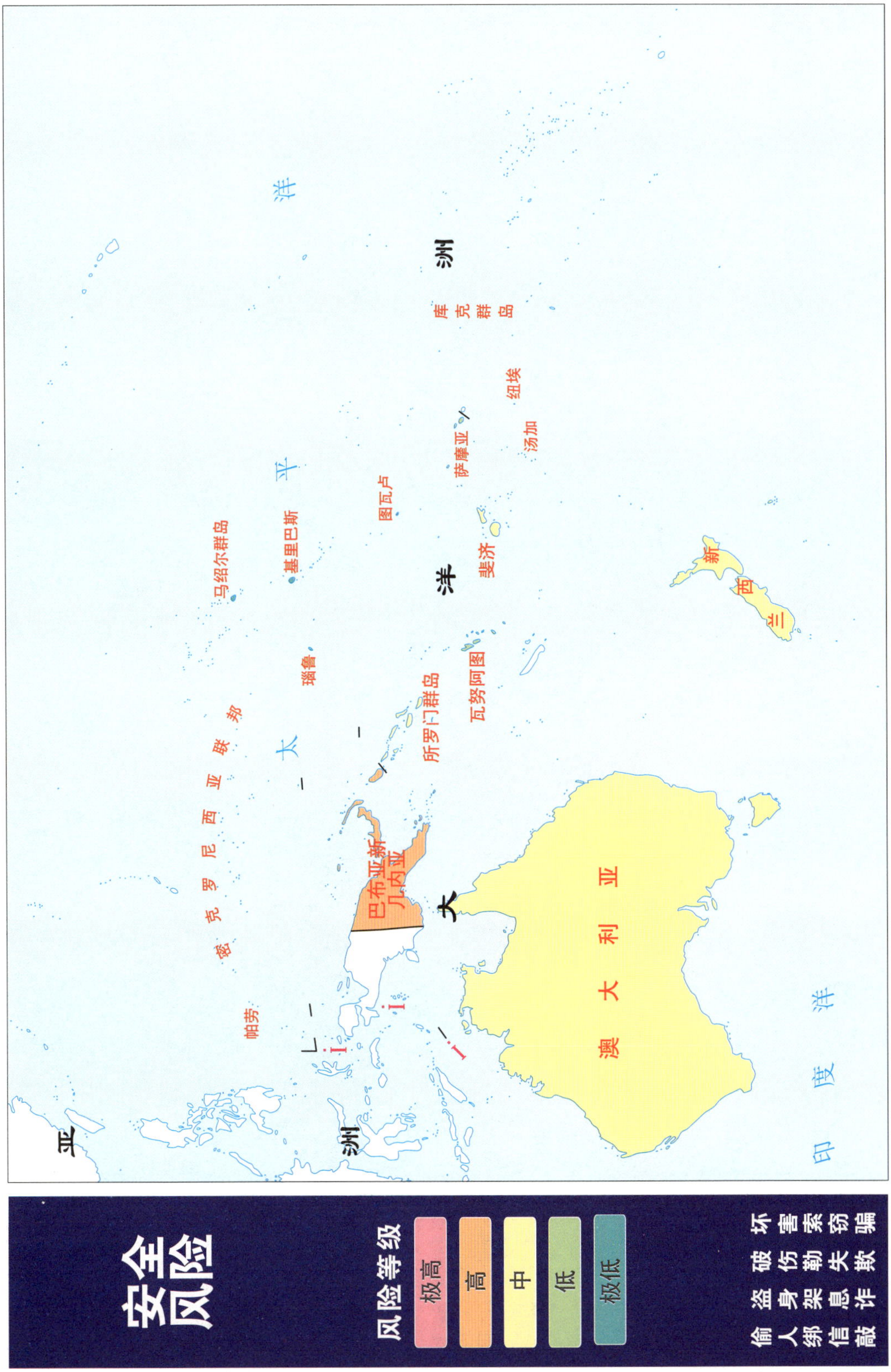
亚洲
太平洋
大洋洲
密克罗尼西亚联邦
马绍尔群岛
基里巴斯
瑙鲁
图瓦卢
所罗门群岛
瓦努阿图
斐济
萨摩亚
汤加
纽埃
库克群岛
帕劳
巴布亚新几内亚
澳大利亚
新西兰
印度洋
安全风险
风险等级
极高
高
中
低
极低
偷盗破坏
人身伤害
绑架勒索
信息失窃
敲诈欺骗

旅行风险

风险等级

- 极高
- 高
- 中
- 低
- 极低

战争冲突
暴力犯罪
基础设施
安全应急保障
防灾减灾能力

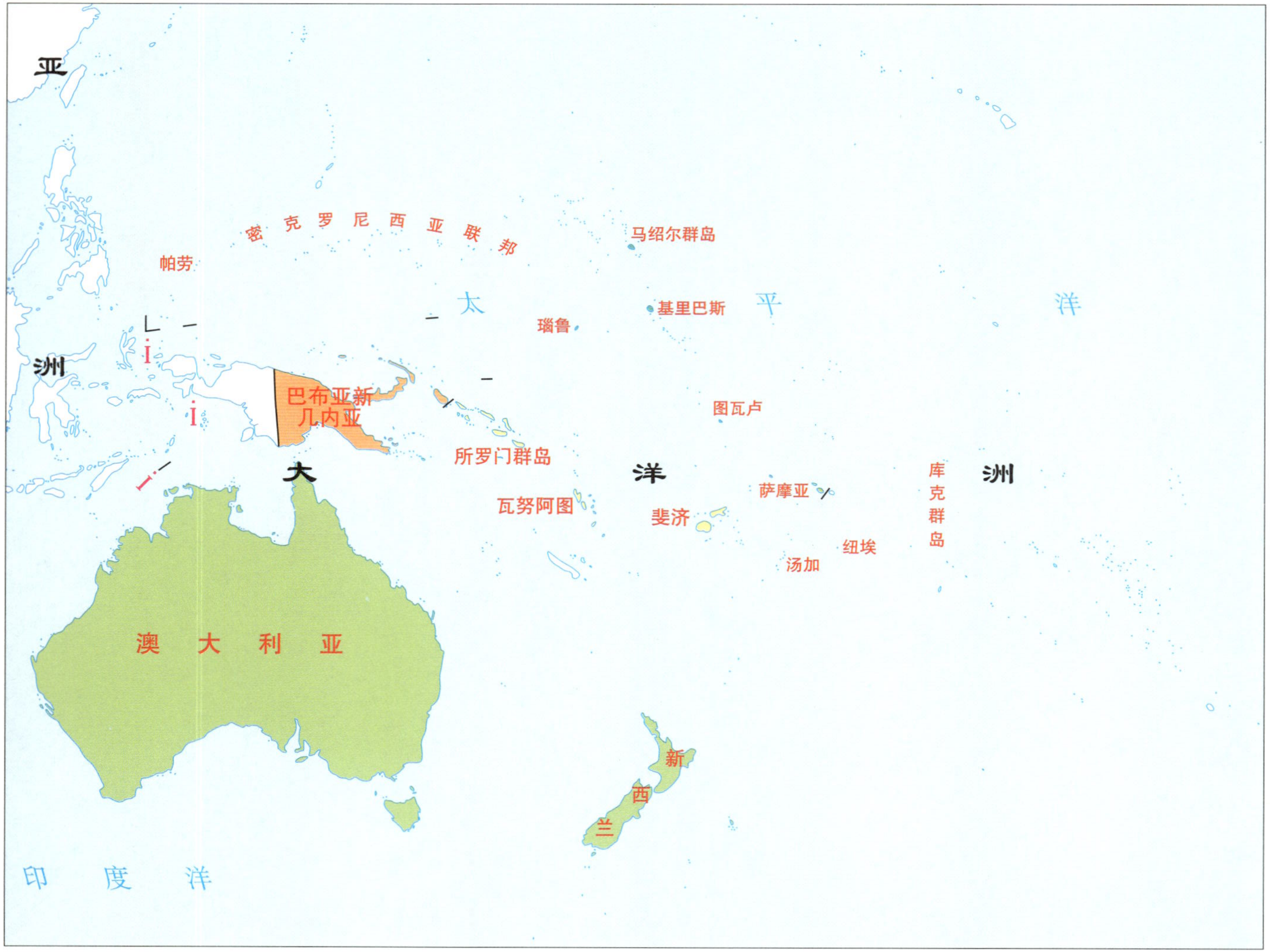

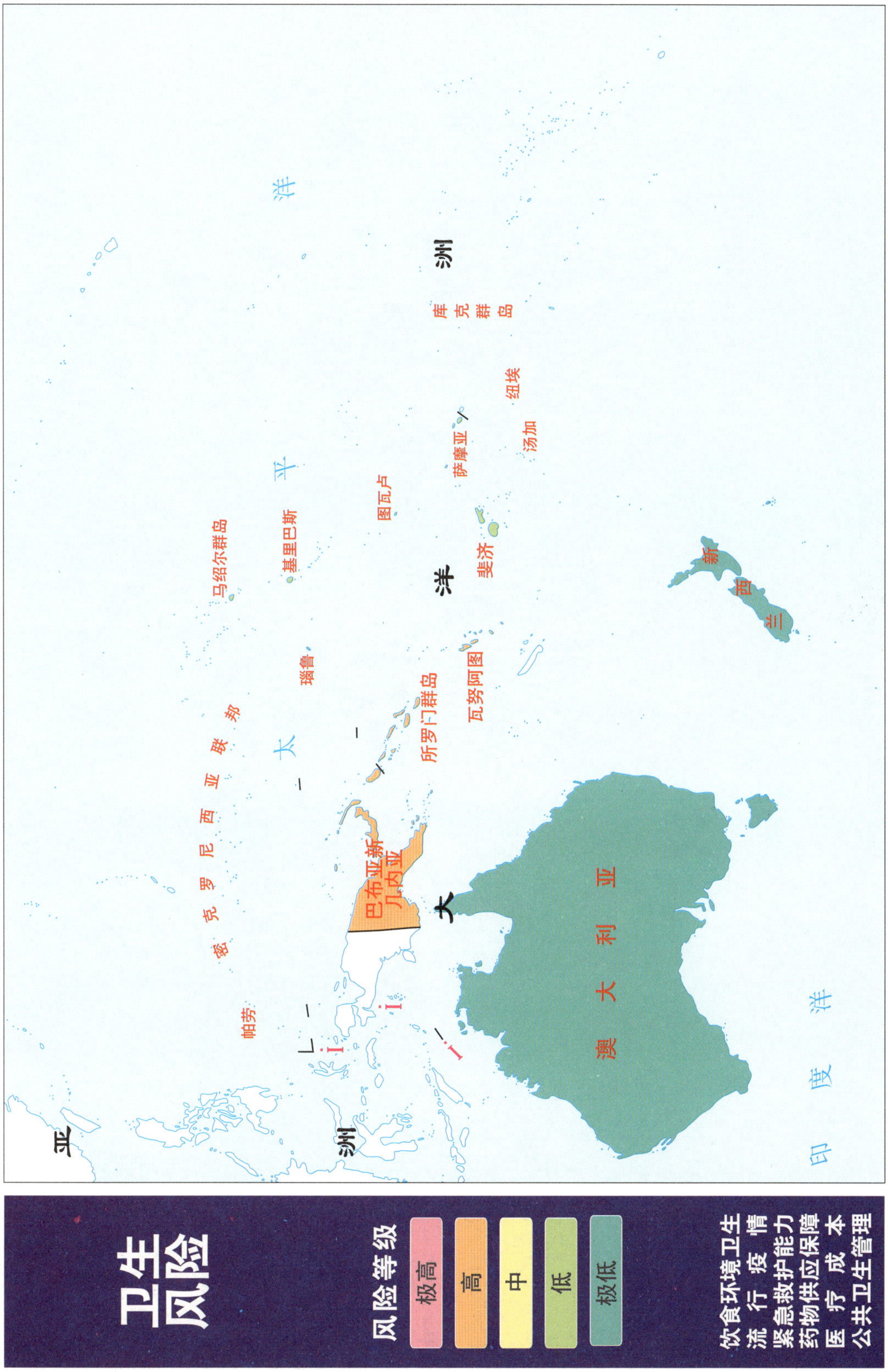
卫生风险
风险等级
极高
高
中
低
极低
饮食环境卫生
流行疫情
紧急救护能力
药物供应保障
医疗成本
公共卫生管理
大洋洲
太平洋
印度洋
亚洲
澳大利亚
新西兰
巴布亚新几内亚
所罗门群岛
瓦努阿图
斐济
图瓦卢
萨摩亚
汤加
纽埃
库克群岛
基里巴斯
马绍尔群岛
瑙鲁
密克罗尼西亚联邦
帕劳

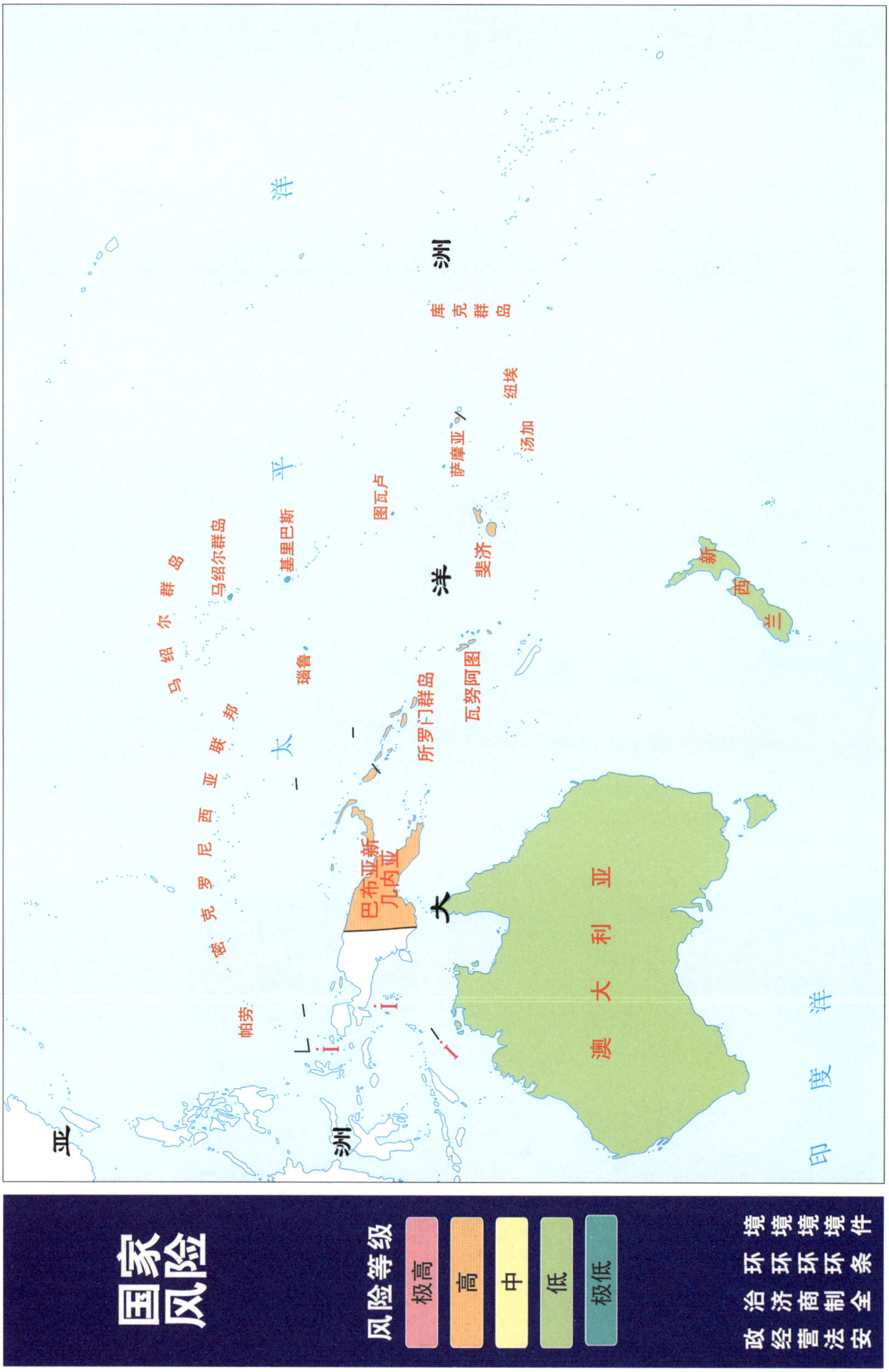
国家风险
风险等级
极高
高
中
低
极低
政治环境
经济环境
营商环境
法制环境
安全条件
太平洋
大洋洲
亚洲
印度洋
澳大利亚
巴布亚新几内亚
新西兰
斐济
瓦努阿图
所罗门群岛
瑙鲁
基里巴斯
马绍尔群岛
密克罗尼西亚联邦
帕劳
图瓦卢
萨摩亚
汤加
纽埃
库克群岛

第 3 部分

2019 中国企业与中国公民“走出去”全球风险指引

3.1　中国企业“走出去”全球风险指引

一、充分认识当今国际政治经济环境变化对东道国投资环境和具体投资项目的深刻影响，切实做好风险识别和风险评估。

二、优先选择与中国签订有双边投资保护协定的国家，优先选择中国海外合作经贸区及其他优质境外园区，优先选择“产业链”或“产业集群”出海的落地策略。

三、重视对投资目的地国家的法律、财税、融资、用工政策的研究，借力第三方对外投资服务平台，优选本地尽职调查、财税安排、融资与用工策略、原产地证明等关键服务。

四、围绕投资决策开展实地、实景化商务考察，充实项目可行性研究内容，最大限度地防范投资决策风险。

五、充分利用居民企业纳税地位和区域性关税优惠，适时做好税收筹划和财务平台建设。

六、依托具有全球网络的保险服务机构，合理、合法、合规地将企业风险管理和财产、人员、责任等保险服务从国内延伸到投资目的地。

七、秉持“长期、多赢”的思维，主动实施“本土化”策略，妥善引导舆论化解社区风险，履行社会责任。

八、制定安保策略，做实安全培训，用好境外第三方安保服务，落实企业境外安全生产主体责任。

九、把企业安全应急预案与响应机制融入中国驻外使领馆的应急响应体系，借力中资企业协会及专业救援服务机构的联动资源。

十、发挥合同在境外风险管理中的重要作用，充分利用国际争端解决规则，妥善化解纠纷，维护自身核心利益。

3.2 中国公民"走出去"全球风险指引

一、关注外交部门海外安全提醒，主动在中国领事服务网登记出境联络的关键信息；针对目的地国家和地区的自然、地域、社会、文化差异可能带来的风险，做好旅行安全攻略。

二、选择资信良好的出境旅行机构或平台安排出行服务，选择全球救援综合服务平台以满足救命、救治、救护、救助需求，选择优秀的保险服务机构，科学、合理地量身定制保险产品和服务。

三、妥善携带、保管出入境身份、健康和旅行目的证明文件，慎重携带食品、药品、现金，切莫为陌生人携带物品。

四、量力而行地参与高风险旅行项目，避免好奇冲动与盲目涉险猎奇。

五、遇人身伤害、财物遗失等突发情况时，立即报警并拨打中国驻外使领馆领事保护专线或外交部领事保护 12308 热线。

六、遇民事纠纷时，通过协商或法律途径理性维权，妥善保护自身安全与权益。

第 4 部分

全球风险与变化趋势

4.1　全球科技与知识产权风险及变化趋势

1. 中国企业“走出去”知识产权风险长期、普遍存在

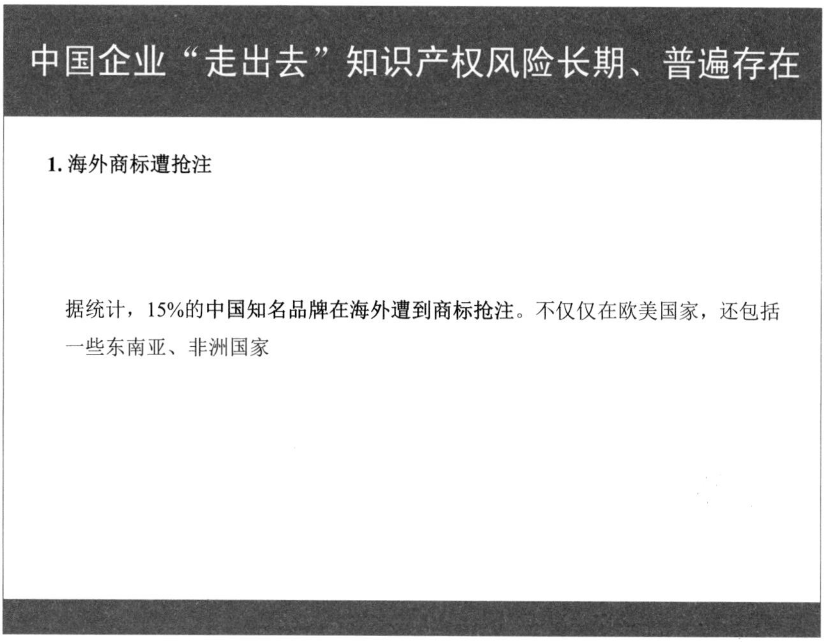
中国企业“走出去”知识产权风险长期、普遍存在
1. 海外商标遭抢注
据统计，15%的中国知名品牌在海外遭到商标抢注。不仅仅在欧美国家，还包括一些东南亚、非洲国家

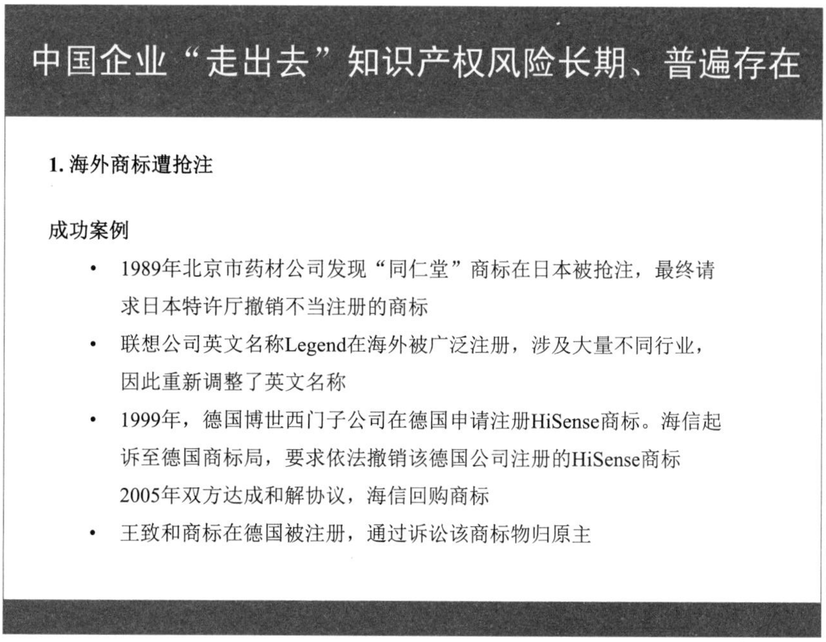
中国企业“走出去”知识产权风险长期、普遍存在
1. 海外商标遭抢注
成功案例
• 1989年北京市药材公司发现“同仁堂”商标在日本被抢注，最终请求日本特许厅撤销不当注册的商标
• 联想公司英文名称Legend在海外被广泛注册，涉及大量不同行业，因此重新调整了英文名称
• 1999年，德国博世西门子公司在德国申请注册HiSense商标。海信起诉至德国商标局，要求依法撤销该德国公司注册的HiSense商标 2005年双方达成和解协议，海信回购商标
• 王致和商标在德国被注册，通过诉讼该商标物归原主

中国企业“走出去”知识产权风险长期、普遍存在

1. 海外商标遭抢注

不成功的案例：龙井茶、红星二锅头、红塔山、碧螺春、大白兔奶糖等都存在被抢注

中国这几年更重视企业“走出去”面临的产权风险，目前来讲，已经有过竞争对手如博世西门子公司通过抢注专利来阻止中国企业到目标国的案例。还有一些是偶发性的，主要是下游的商铺和企业提前抢注一些中国的知名商标，导致中国大型企业“走出去”遇到了障碍，目前“走出去”面临的风险还是长期存在的，需要大家长时间关注。

中国企业“走出去”知识产权风险长期、普遍存在

2. 美国337调查

年份	全球总数	涉及中国企业的调查数据	中国企业所占百分比
2001	24	1	4.2%
2002	17	5	29.4%
2003	18	8	44.4%
2004	26	10	38.5%
2005	29	10	34.5%
2006	33	8	24.2%
2007	35	10	28.5%
2008	41	11	26.8%
2009	31	8	25.8%
2010	56	19	33.9%
2011	69	16	23.1%
2012	40	13	32.5%
2013	42	14	33.3%
2014	39	13	33.3%
2015	36	8	22.9%
2016	54	18	33.3%
2017	59	22	37.3%

抢注的问题，美国的例子更多一些，2001 年以后涉及中国的比较多。从统计表来看，中国企业“走出去”面临 337 调查的占比非常高。因此，中国企业“走出去”知识产权侵权已经变成了至少从美洲市场来讲是需要非常重视的一个问题。近几年中国整体实力上升和应诉能力的增强，目前整体结果不错。

2. 案例展示

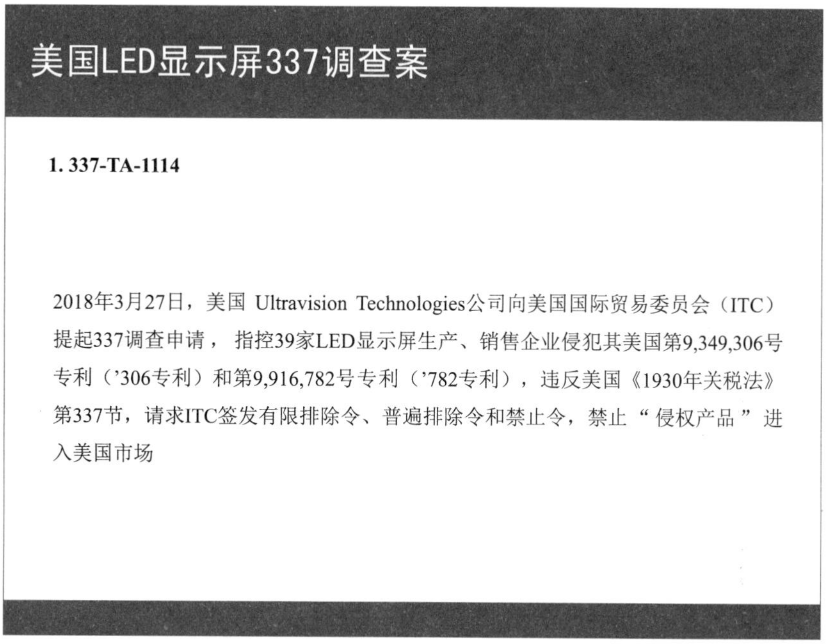
美国LED显示屏337调查案
1. 337-TA-1114
2018年3月27日，美国 Ultravision Technologies公司向美国国际贸易委员会（ITC）提起337调查申请，指控39家LED显示屏生产、销售企业侵犯其美国第9,349,306号专利（’306专利）和第9,916,782号专利（’782专利），违反美国《1930年关税法》第337节，请求ITC签发有限排除令、普遍排除令和禁止令，禁止“侵权产品”进入美国市场

这是 2018 年美国的 LED 案。LED 显示屏实际上由一块一块小屏幕形成，会议结束后可以拆掉。中国有很多企业可以做这个大屏，这是室内屏，室外屏有防雨的设计，我们每一个户外产品都要能防水，大家没有从专利申请的角度考虑，但是美国一家企业要求申请专利。之后中国的 LED 显示屏企业走在一起，它们提出很多先进的技术包括以前的应用都可以证明这个事情（防雨）没有创造性，最终在 337 调查中提出了专利无效，另外在美国商标局做好了全部的知识产权专利无效的准备。在这样的强大压力下，美国原告申请了撤诉。

美国LED显示屏337调查案

1. 337-TA-1114

- 在行业协会的组织下，多家被告共同提出了**专利无效抗辩**，并分别提出了**不侵权抗辩**。迫于被告的强大攻势，2018年11月27日，Ultravision公司撤回起诉，并提交动议请求终止调查。2019年1月31日，行政法官批准了该动议。2019年2月21日，ITC作出终裁，该案以**原告撤诉**结案
- 联合应诉 v. 单独应诉
- 行业协会的作用

这个案子中非常重要的点，就是力量的集成，最早是单打独斗，后来协会介入，在协会的协调下，很多公司聚集力量支持专利无效，很多公司都有专利无效的一些很好的证据，大家结合起来共同努力把这个案子销掉，这是非常重要的一个特点。

美国橡胶树脂337调查案

2. 337-TA-849

- 2012年5月21日，美国圣莱科特集团公司（SI Group, Inc.，“SI公司”）以侵犯商业秘密为由向ITC申请针对包括华奇（张家港）化工有限公司在内的多家公司以及两位中国自然人（以下合称“华奇公司”）发起337调查
- 2014年1月15日，ITC作出终裁，除少数个别秘密点外，ITC认定SI的商业秘密点绝大多数并不受法律保护。由于ITC终裁仍认定华奇公司侵犯了SI公司的几个秘密点，华奇公司继续向美国联邦巡回上诉法院提起上诉，但并未获得该上诉法院的支持

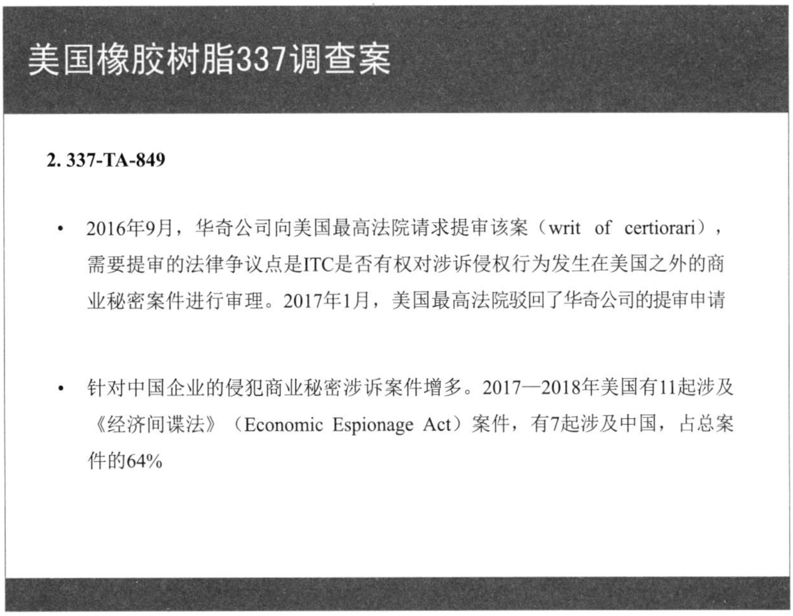
美国橡胶树脂337调查案
2. 337-TA-849
• 2016年9月，华奇公司向美国最高法院请求提审该案（writ of certiorari），需要提审的法律争议点是ITC是否有权对涉诉侵权行为发生在美国之外的商业秘密案件进行审理。2017年1月，美国最高法院驳回了华奇公司的提审申请
• 针对中国企业的侵犯商业秘密涉诉案件增多。2017—2018年美国有11起涉及《经济间谍法》（Economic Espionage Act）案件，有7起涉及中国，占总案件的64%

该橡胶树脂的案件是最早的涉及侵犯商业秘密的案件，是美国的一家公司指控中国一家公司侵犯了它的商业秘密。这个案子有 19 个秘密点，最后我们胜诉。后来这几年此类案件越来越多，去年的 11 个案件中有 7 个案子涉及中国。目前这些诉讼涉及民事，也涉及刑事，形势非常严峻。

3. 应对建议

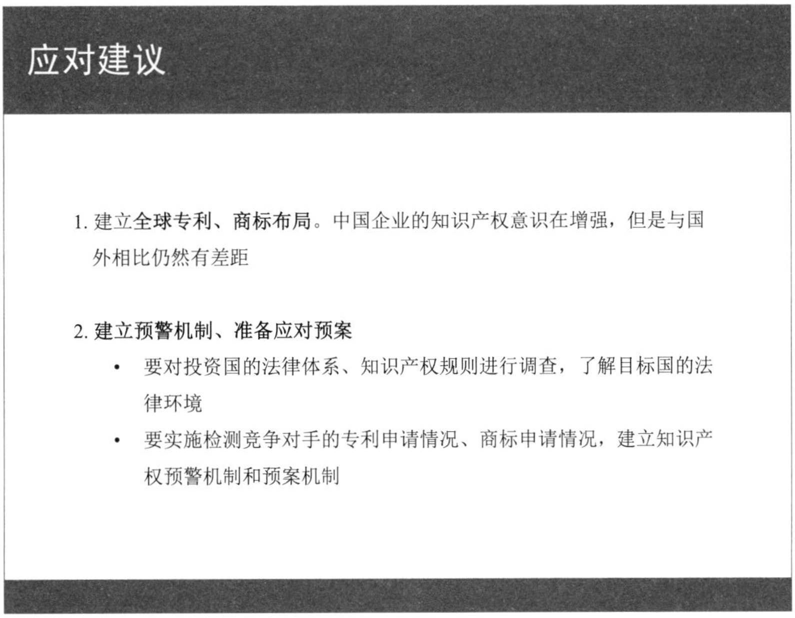
应对建议
1. 建立全球专利、商标布局。中国企业的知识产权意识在增强，但是与国外相比仍然有差距
2. 建立预警机制、准备应对预案
• 要对投资国的法律体系、知识产权规则进行调查，了解目标国的法律环境
• 要实施检测竞争对手的专利申请情况、商标申请情况，建立知识产权预警机制和预案机制

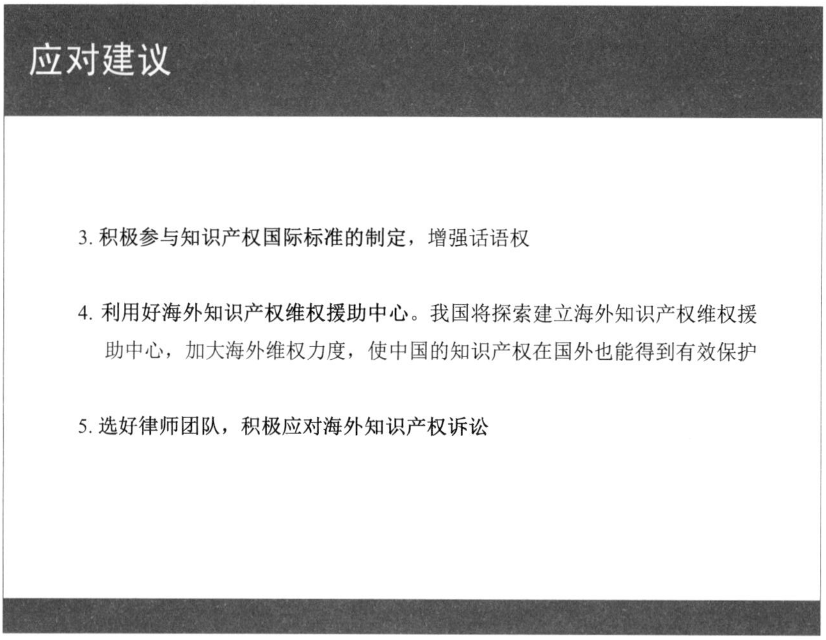
应对建议
3. 积极参与知识产权国际标准的制定，增强话语权
4. 利用好海外知识产权维权援助中心。我国将探索建立海外知识产权维权援助中心，加大海外维权力度，使中国的知识产权在国外也能得到有效保护
5. 选好律师团队，积极应对海外知识产权诉讼

面对商标抢注、侵权，该怎么应对？还是要强化全球专利、商标布局的意识。目前中国是排在美国、德国之后世界第三大专利申请国。但是像华为这样有知识产权全球布局的企业还是比较少的。

另外，中国现在参与知识产权相关标准的制定，增强我们的话语权，推动我们国家的产品和企业“走出去”。

有些海外的企业不知如何预防展会上遇到的问题。实际上中国的国家知识产权局，以及一些海外维权中心，包括贸促会这些平台都提供相关服务，解决问题。

演讲人：丁亮（德恒律师事务所）

4.2　全球政治与信用风险及变化趋势

企业投资一个国家或者一个行业时，考虑企业风险，要看一下比如在国家风险方面，其信用风险有多高，也要看一下有什么样的解决方案。现在全球的经济发展速度正在放缓。那么，全球政治与信用风险状况如何？其变化趋势是怎样的？下面用 PPT 作一些演示。

1. 经济环境

（1）全球增长放缓

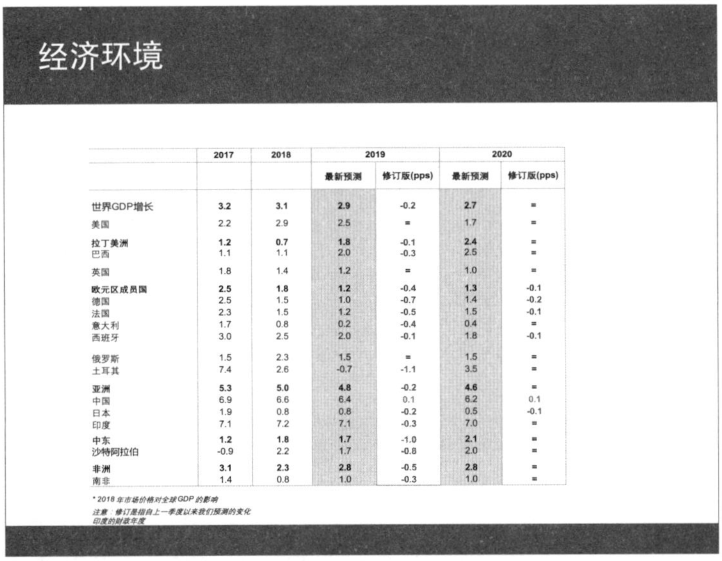
经济环境

	2017	2018	2019		2020	
			最新预测	修订版(pps)	最新预测	修订版(pps)
世界GDP增长	**3.2**	**3.1**	**2.9**	-0.2	**2.7**	=
美国	2.2	2.9	2.5	=	1.7	=
拉丁美洲	**1.2**	**0.7**	**1.8**	-0.1	**2.4**	=
巴西	1.1	1.1	2.0	-0.3	2.5	=
英国	1.8	1.4	1.2	=	1.0	=
欧元区成员国	**2.5**	**1.8**	**1.2**	-0.4	**1.3**	-0.1
德国	2.5	1.5	1.0	-0.7	1.4	-0.2
法国	2.3	1.5	1.2	-0.5	1.5	-0.1
意大利	1.7	0.8	0.2	-0.4	0.4	=
西班牙	3.0	2.5	2.0	-0.1	1.8	-0.1
俄罗斯	1.5	2.3	1.5	=	1.5	=
土耳其	7.4	2.6	-0.7	-1.1	3.5	=
亚洲	**5.3**	**5.0**	**4.8**	-0.2	**4.6**	=
中国	6.9	6.6	6.4	0.1	6.2	0.1
日本	1.9	0.8	0.8	-0.2	0.5	-0.1
印度	7.1	7.2	7.1	-0.3	7.0	=
中东	**1.2**	**1.8**	**1.7**	-1.0	**2.1**	=
沙特阿拉伯	-0.9	2.2	1.7	-0.8	2.0	=
非洲	**3.1**	**2.3**	**2.8**	-0.5	**2.8**	=
南非	1.4	0.8	1.0	-0.3	1.0	=

** 2018 年市场价格对全球GDP 的影响*

注意：修订是指自上一季度以来我们预测的变化
印度的财政年度

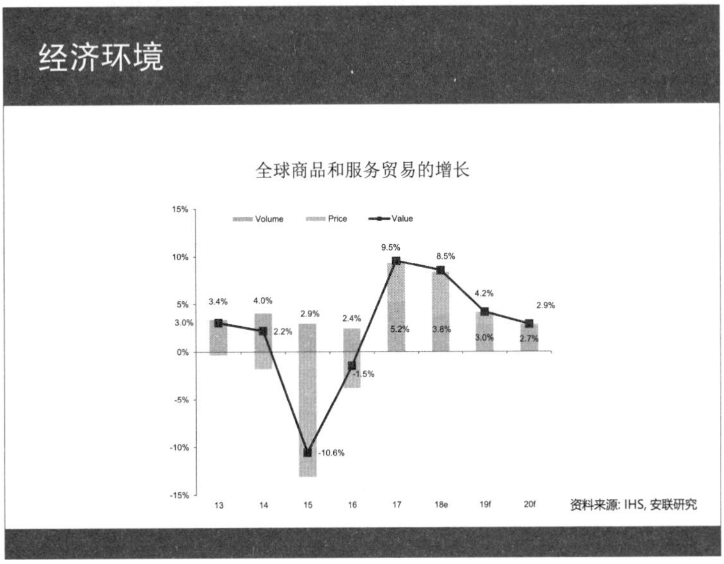

现在经济的驱动因素出现了问题，美国、欧元区、中国的经济增长都在放缓。不过中国经济增速虽然放缓，但弹性增强。这是第一点，全球经济增长呈现放缓的趋势。第二点是贸易。全球的贸易增速为3.8%，全球的商品和服务贸易量以美元计值，增长都在放缓。

（2）重大破产：高频，严重程度加深

经济环境

重大破产数量*

（按营业额计算，以百万欧元计）

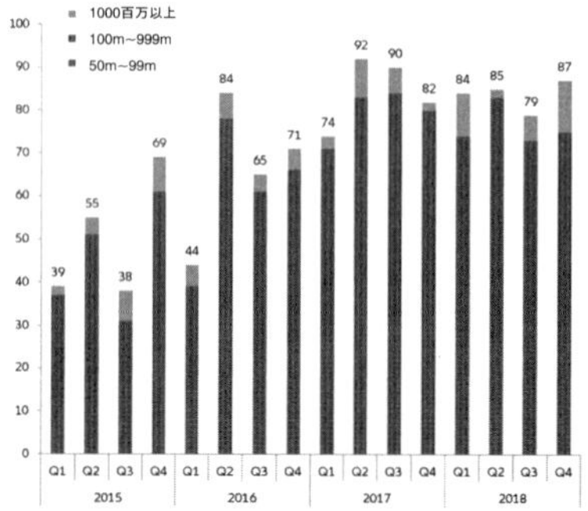

(*)营业额超过5000万欧元的公司
资料来源：裕利安怡

经济环境

重大破产*按行业和地区划分（破产数量）

		非洲/中东 拉丁南美洲 Africa/Middle East and Latin America	北美 North America	中欧&东欧 Central & Eastern Europe	亚洲 Asia Pacific	西欧 Western Europe	总计 TOTAL
药品	Pharmaceuticals	-	-	-	-	1	1
运输设备	Transport equipment	-	-	-	-	3	3
电子产品	Electronics	-	-	-	2	3	5
纸业	Paper	-	-	-	1	4	5
大宗商品	Commodities	-	-	1	3	3	7
化工业	Chemicals	-	1	1	4	2	8
电脑&通信	Computers & Telecom	1	-	-	6	1	8
纺织	Textile	1	1	1	3	3	9
汽车	Automotive	-	-	4	1	7	12
家用电器	Household equipment	-	3	2	3	9	17
运输	Transportation	-	3	4	1	9	17
机械/设备	Machinery/Equipment	-	-	6	4	11	21
金属	Metals	-	1	-	10	10	21
能源	Energy	-	8	7	7	2	24
服务业	Services	-	3	5	6	18	32
农产品	Agrifood	-	-	7	12	15	34
零售	Retail	3	15	4	5	24	51
施工	Construction	-	3	17	23	17	60
总计	Total	5	38	59	91	142	335

(*)营业额超过5000万欧元的公司
资料来源：裕利安怡

经济环境

2018年发布了335起重大破产案（减少3起案件），涉及营业额累计为1 580亿欧元（与2017年相比增加40%）

- **热点**仍然是建筑业（60个重大破产）——特别是在亚洲（增加了11个案例，到目前为止一共23个案例）
- 和零售业（51个案例），特别是在西欧（24个案例）。西欧仍然是破产数量最多的地区

资料来源: IHS, 安联研究

近年企业破产案不断增加，2018 年发布了 335 起重大破产案，涉及营业额累计 1 580 亿欧元。现在资不抵债的情况非常严重，所以我们要分析所有的供应商情况。根据过去一个季度全球按行业/地区划分的破产的数量，可以看出，首先经济环境不断恶化，其次现在支付状况也在不断地恶化。

（3A）中国：增长缓慢但有弹性

经济环境

信贷条件：银行家调查显示未来几个月将获得信贷

资料来源: IHS, 安联研究

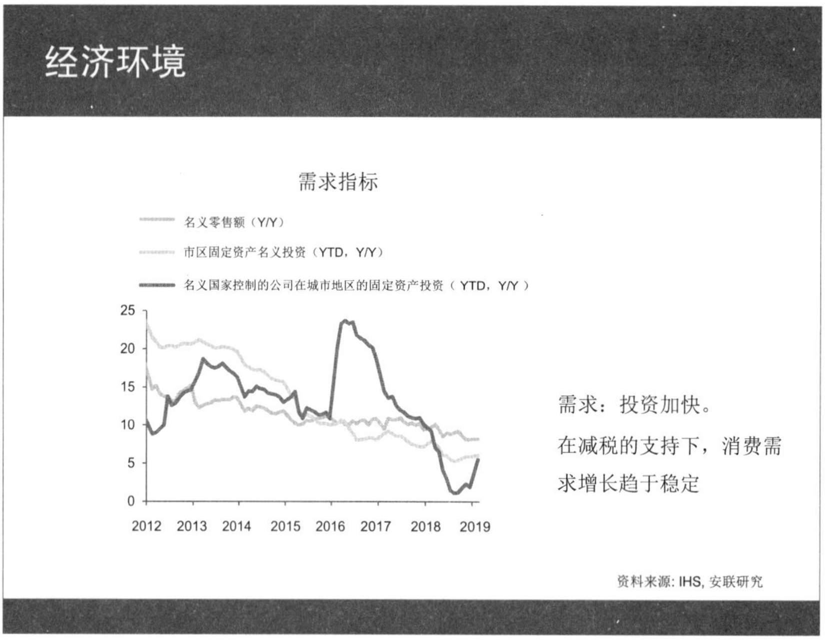

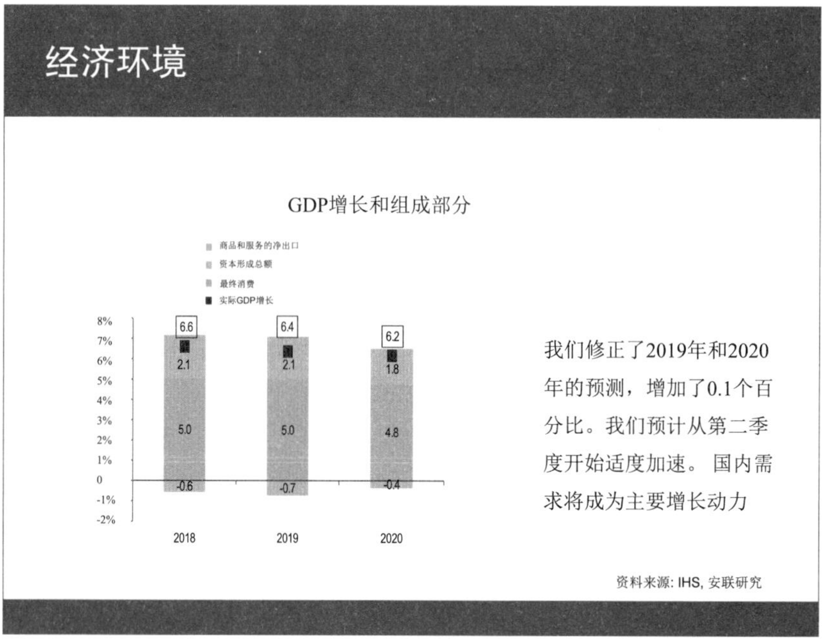

那么中国表现如何呢？中国如何应对这样一个恶化的大环境？中国今年（指 2019 年）的经济增长目标是 6% 左右，还是非常强有力的，从全球的角度来说还是非常高的。我们一方面很谨慎，但是另一方面依然很乐观。

今年中国有 2 万亿元的基础设施预算，因此中国的投资还是在加快；而在减税的支持下，消费者需求增长趋于稳定，达到 6% 到 6.5% 的增速，有助于全球经济的进一步发展。

（3B）中国：财务能力下降

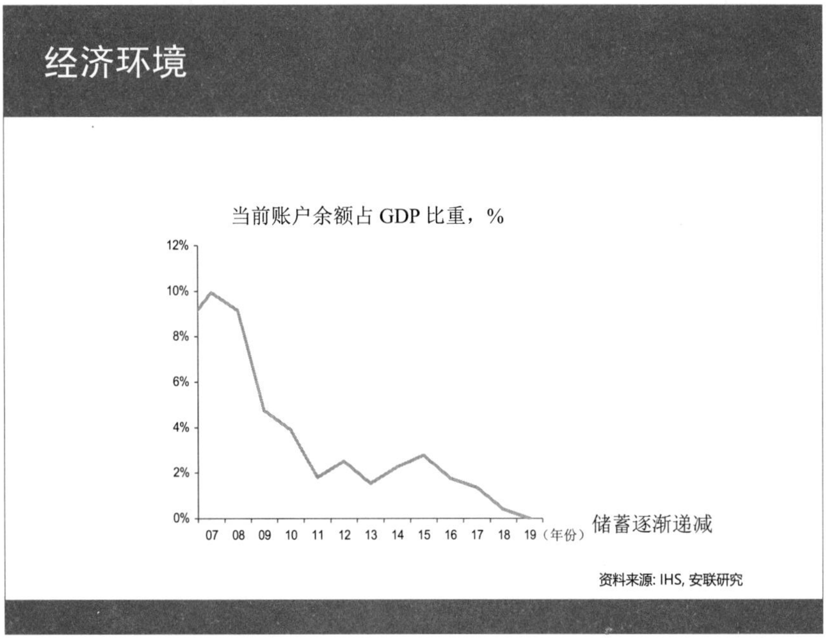

一方面中国经济有弹性的增长，另一方面中国的财务能力却下降了。上图左边的指标是当前账户的余额占比，这表明公民储蓄在逐渐递减。在过去几年，账户的余额水平持续下降，一个原因是因为中国的债务水平太高了。

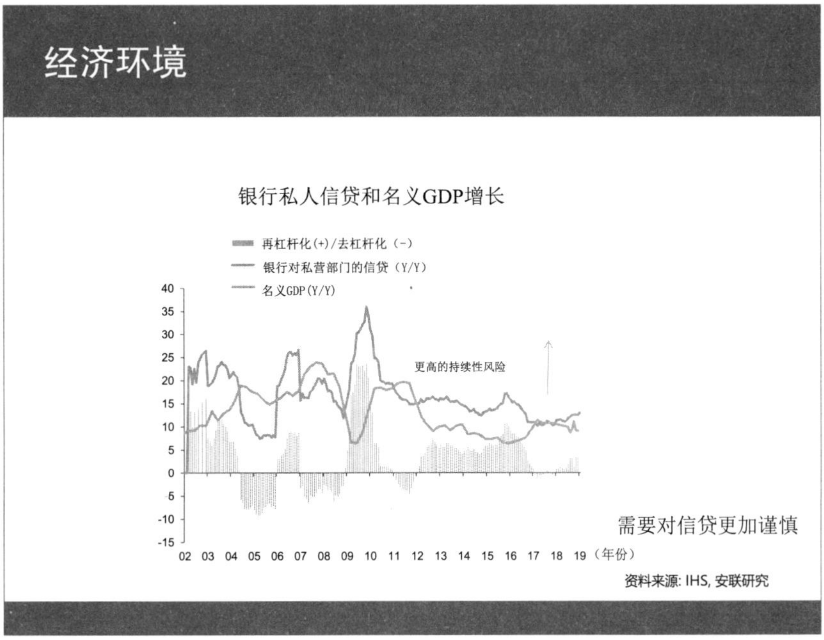

（3C）中国：进一步加大开放

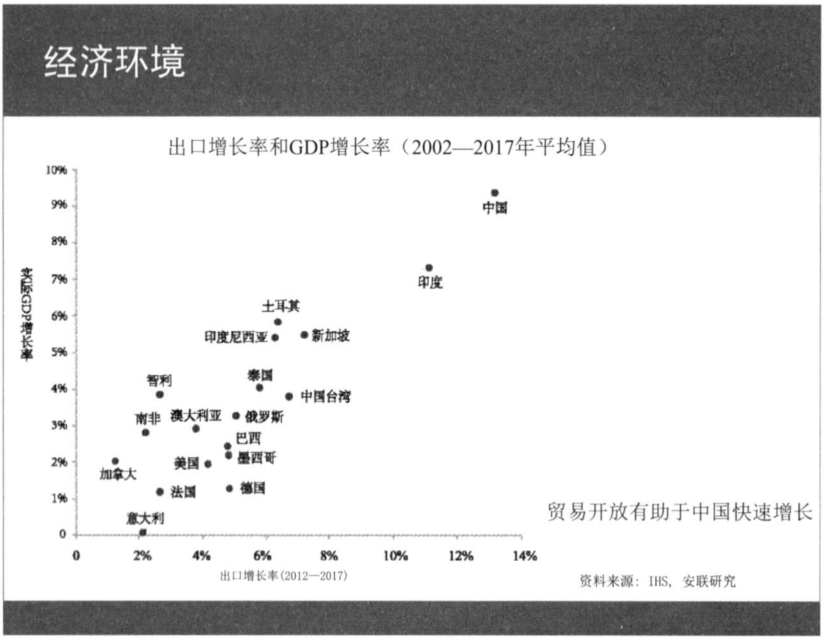

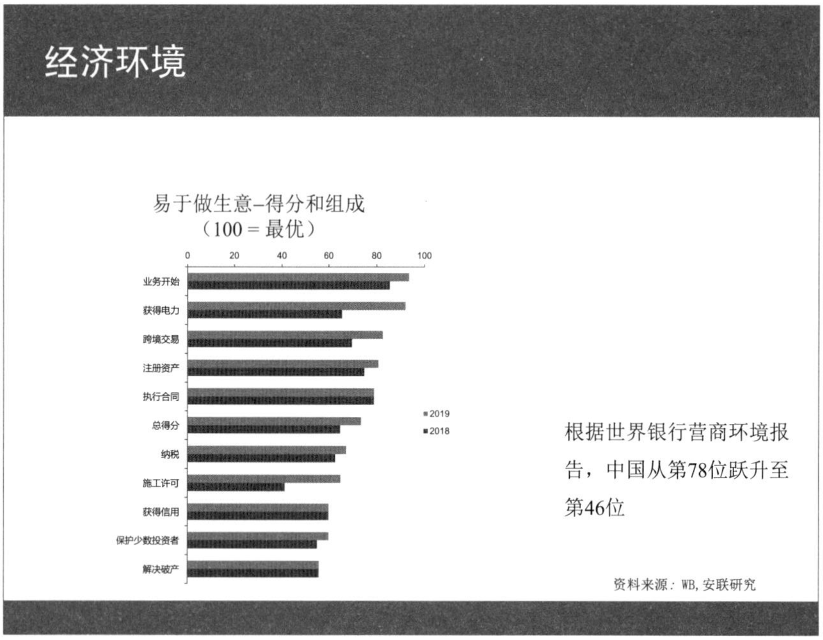

在全球经济增长乏力的情况下企业如何“走出去”？什么样的方法是最好的呢？现在中国的经济发展还有缓冲余地，而且也是有弹性的，并且“一带一路”的建设能够进一步促进中国经济和“一带一路”沿线国家经济的增长。

2. “一带一路”倡议（BRI）

（1）2019 年全球贸易流量将达到 1 170 亿美元

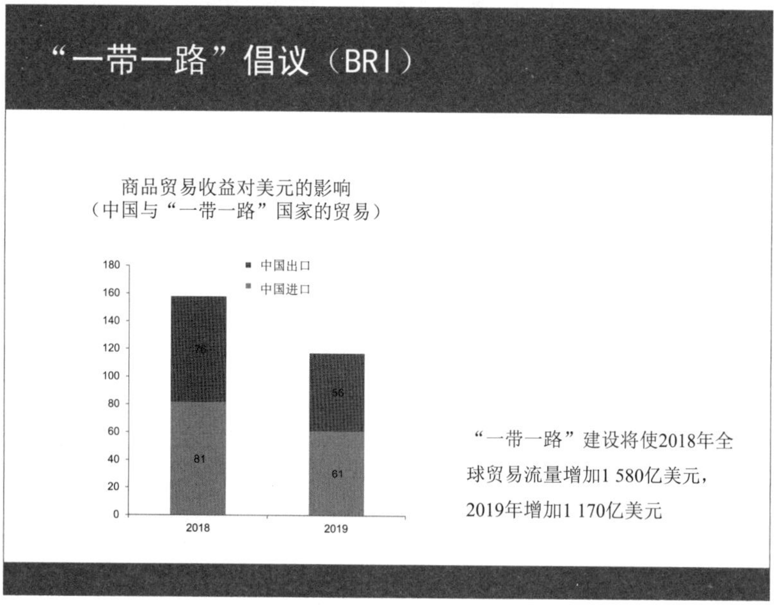

我们希望能够帮助中国的企业找到自己产品的分销商，进入到世界其他国家和地区市场。另外，我们也能够帮助推动人民币的国际化。人民币国际化在全球有两个影响力：

第一点，中国支持世界其他国家的资本融资。中国有很多资金流入到了“一带一路”沿线国家，能够支持当地经济发展。

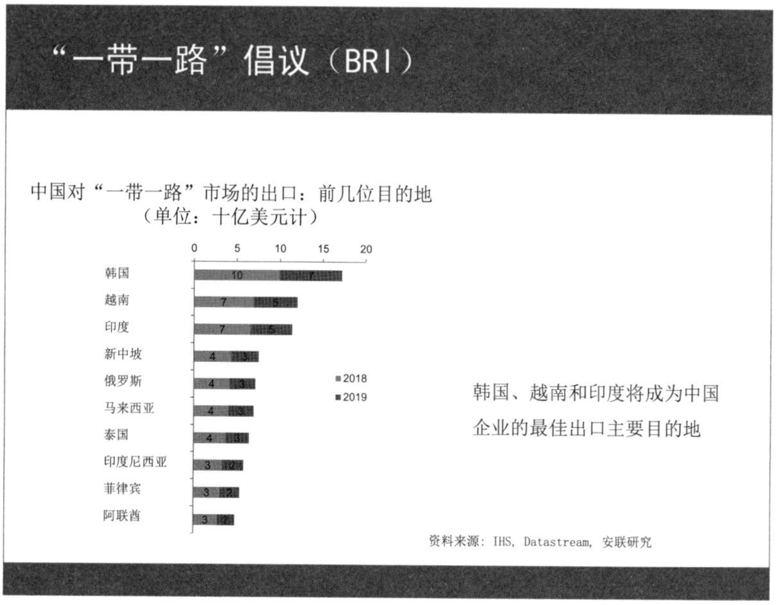

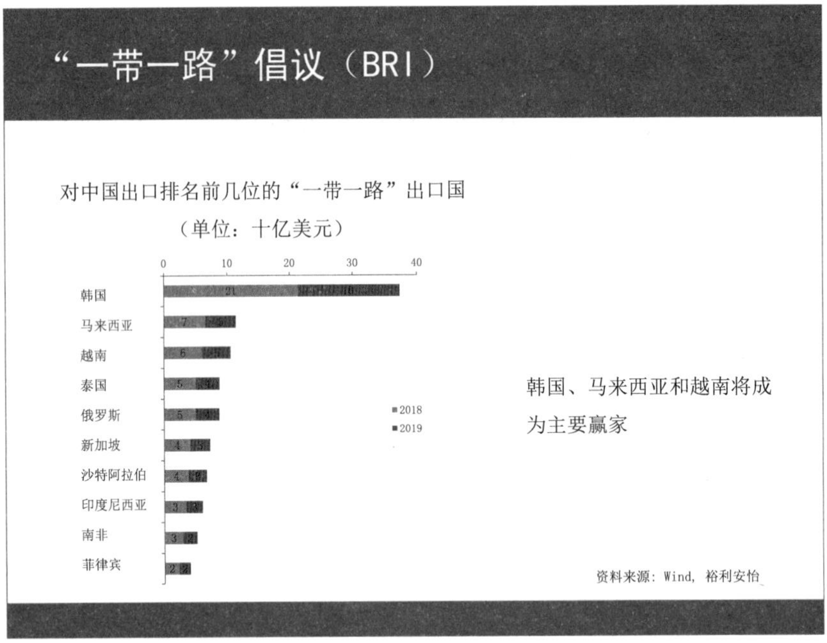

第二点，人民币国际化能够满足人们的需求。

（2）中国潜在的长期获益（1）

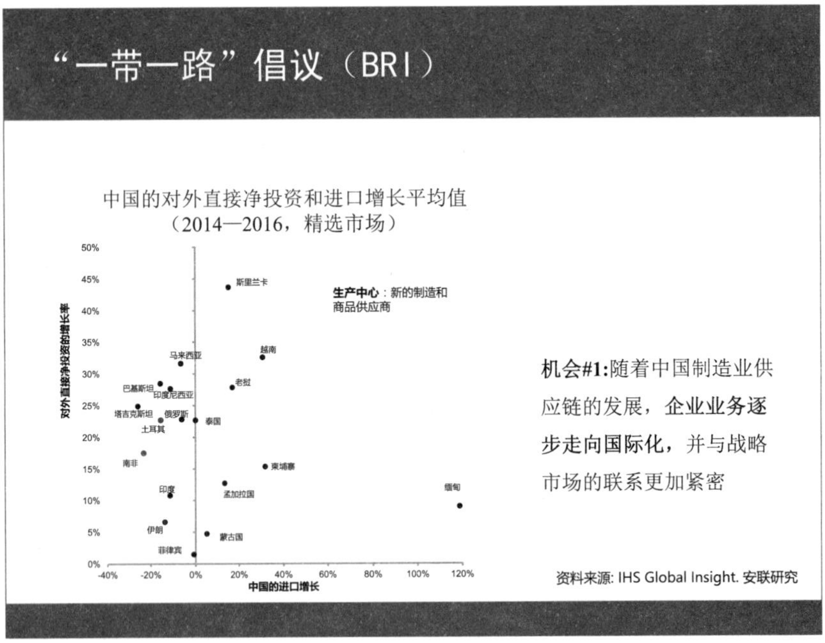

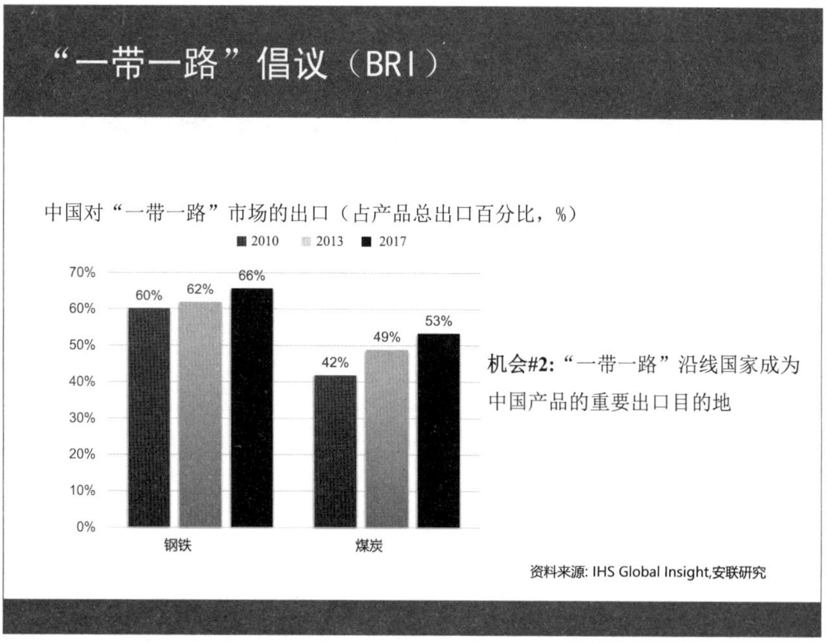

（3）中国潜在的长期获益（2）

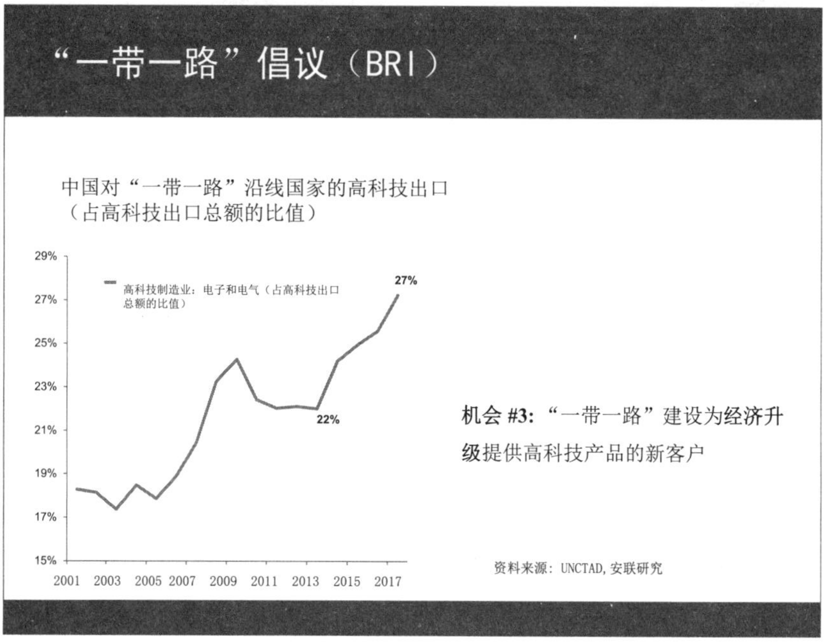

“一带一路”倡议（BRI）

国际人民币付款（全球市场份额）

机会 #4:人民币国际化——“一带一路”沿线国家开始以人民币作为交易和借款的货币

资料来源：WIND，安联研究

“一带一路”倡议（BRI）

建筑业已完成名义投资，2017年增长

机会#5：西部地区基础设施不断升级，2017年西部地区建筑业增长率已超过20%，缓解了区域不平衡

资料来源：Wind，Euler Hermes

（4）资本和合作伙伴的需求增长

“一带一路”倡议（BRI）

中国在“一带一路”沿线国家的海外投资和建筑合同（单位：十亿美元）

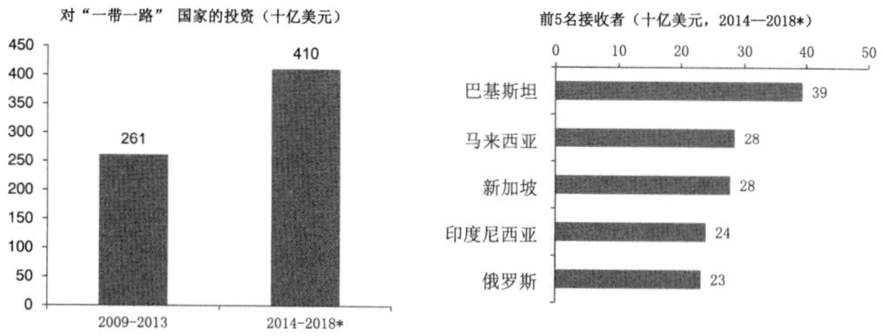

资本 #1: 2014—2018年6月，中国对BRI国家的投资已增长了4 100亿美元，而2009—2013年这一数值为2 610亿美元

* 截至 2018年6月
资料来源：China investment tracker, AIE and HF

“一带一路”倡议（BRI）

中国对美国的进口需求（单位：十亿美元）

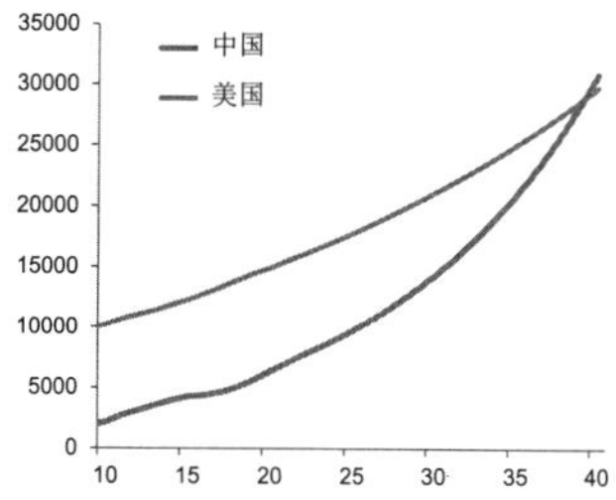

需求 #2: 中国对美国的进口需求不断增加

资料来源：IHS Global Insight，安联研究

（5）……也是一种提高竞争力的方法

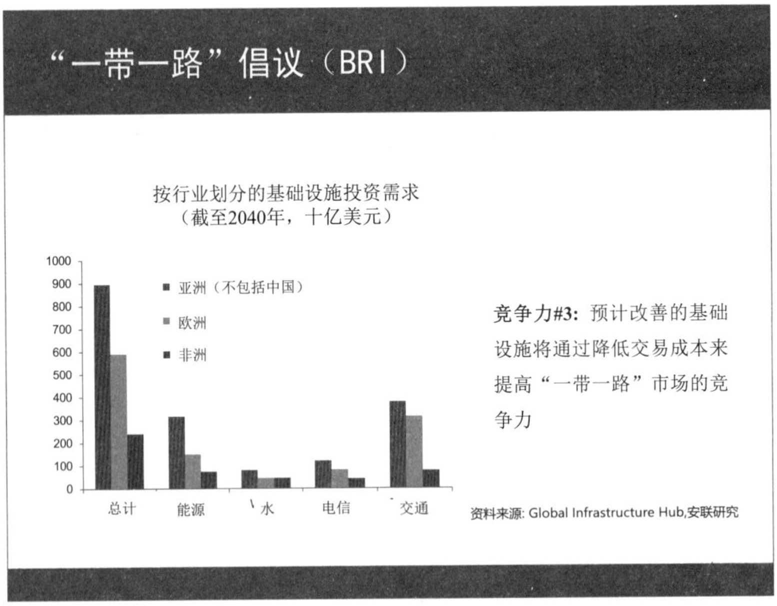

3．“一带一路”倡议的实施并非轻松的任务：三大持续挑战

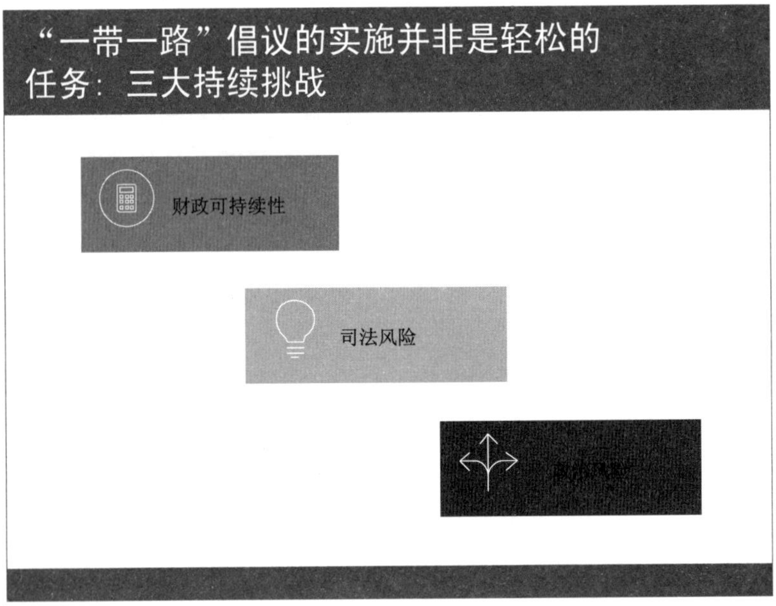

演讲人：穆罕默德（裕利安怡集团）

4.3　全球战争与恐怖袭击风险及变化趋势

1. 企业视角："走出去"企业最关注的风险

在全球化进程中，包括中国企业在内的全球企业都在积极探索本国之外的发展机会。中国企业在"走出去"和"一带一路"建设的推动下，加速在全球范围的布局。

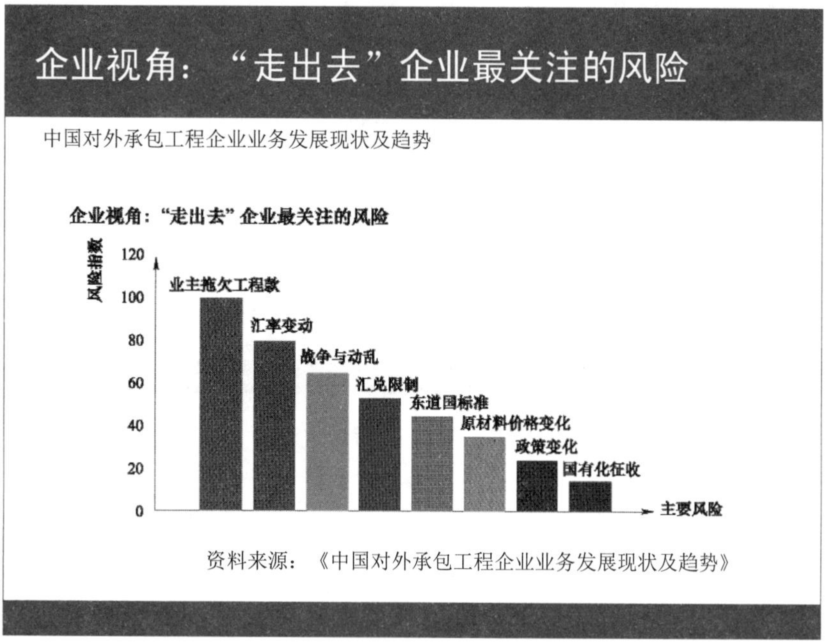

面对诸多环境因素的影响，中国企业的海外经营需要妥善应对包括信用、汇率、政局变动以及法律风险在内的各种风险。战争动乱带来的风险和恐怖主义的风险，是企业"走出去"必须应对的主要风险。

2. 2018 城市风险指数报告

2018 年，劳合社联合剑桥大学发布的城市风险指数报告显示，人为风险威胁逐渐加重并超过自然灾害的风险威胁，其造成的风险 GDP 占全球总风险 GDP 的 60% 左右，对全球经济造成重大的影响。

继金融市场崩盘之后，国家间的冲突成为第二大威胁，预计将给全球主要城市造成平均 800 亿美元的经济损失，这反映了全球范围内地缘政治冲突引起的不稳定性呈上升的趋势。

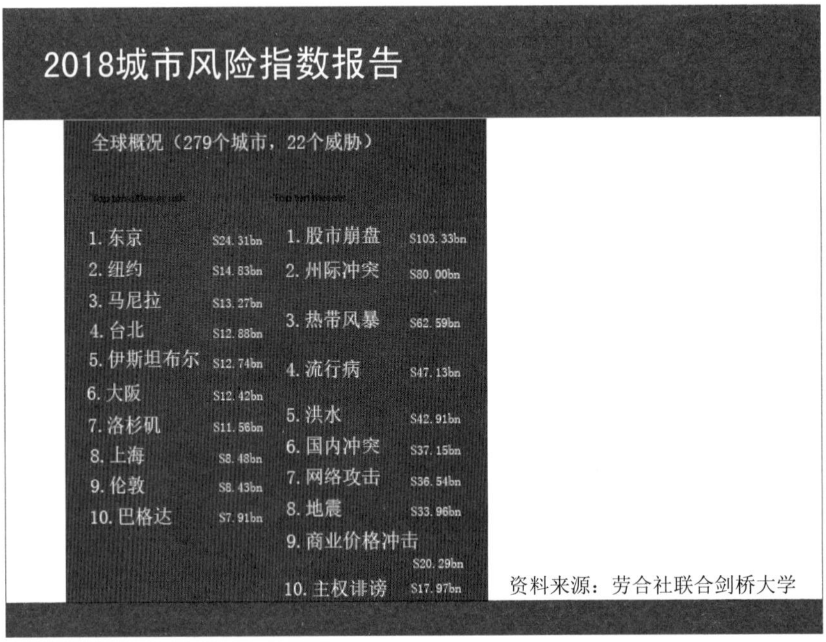

城市正在增长。1900 年，13% 的人口居住在城市。现今，该比例达到 54%。2050 年，约 66% 的全球人口将为城市居民。城市已成为各国及全球繁荣的关键因素，占全球 GDP 的 80%，然而，这也带来巨大的影响，他们变得越来越容易受到风险事件影响。因此，了解风险对世界各地城市的影响是至关重要的。

第二份风险指数报告中，根据剑桥大学风险研究中心等提供的数据展示了全球 279 个城市的风险状况，这些城市占全球经济产出的 41%。

该报告将协助政策制定者企业和保险公司使城市更具弹性。

该项报告对全球 279 个城市的 GDP 风险进行衡量，来自五个方面共 22 项风险：包括金融、经济和贸易；地缘政治与安全、健康与人类、自然灾害与气候，技术与空间。数据中很多城市均为领先城市，为全球创造 41% GDP。

3. 2019 年第一季度国际地缘政治以及军事冲突风险分布分析

尽管全球大国发生直接冲突的风险概率很低，但是政治博弈导致的战争仍然在不断地发生和衍变。

2019 年第一季度国际地缘政治以及军事冲突风险分布显示，一些传统的热点地区，如中东、东北非、巴尔干地区、南亚和东南亚国家的风险仍然很高。深入分析研判

“一带一路”企业投资重点目标国家的地缘政治状况、国内政治的稳定、政商环境的变化，是我国企业在迈出国门进入这些国家开展业务之前必须做的工作，从而在识别风险、评估风险、规避风险和转移风险四个方面做好闭环的综合应对。

4. 2018 年非国家武装集团袭击分布

除了地缘政治和国家间的冲突对企业产生影响之外，更为频繁地给企业境外投资和经营安全带来威胁的是遍布热点地区层出不穷、或明或暗、整体破坏力极强的非政府暴力武装组织或者恐怖组织所带来的破坏和伤害。

5. 全球非国家武装集团恐怖袭击（2009—2018）

根据整理的公开资料，2018 年，全球共计发生 15 321 次非政府武装力量发起的攻击事件，造成 13 483 名死亡。从数量上看，较 2017 年下降了 3 成以上，比过去五年的平均死亡人数下降了 3 成左右。因武装暴力事件造成的死亡人数也较 2017 年下降了 27%，比过去五年平均死亡人数下降 5 成左右。

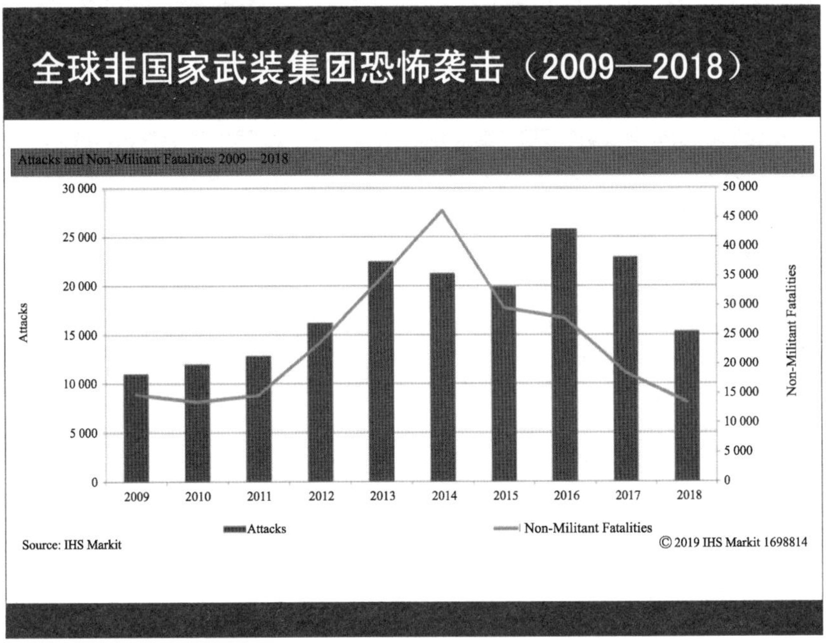

2018年受到袭击最多的国家和发起袭击的非国家武装集团前10名

2018年前10位国家

国家	袭击次数	与2017年对比	死亡数量	与2017年对比
乌克兰	4422	+18.4%	92	-48.0%
叙利亚	3073	-63.6%	2012	-44.7%
伊拉克	1480	-31.6%	1118	-66.9%
也门	1192	-10.1%	803	-26.5%
阿富汗	869	+31.5%	4180	+81.8%
印度	809	+6.7%	357	+5.6%
索马里	314	-29.4%	666	-54.6%
喀麦隆	307	+100.7%	300	+14.5%
刚果	296	-7.8%	635	+42.7%
巴基斯坦	260	-29.2%	548	-31.2%

资料来源：IHS Markit

2018年前10名非国家武装集团

集团名称	袭击次数	与2017年对比	死亡数量	与2017年对比
Donetsk People's Republic (DPR)	3,196	+12.7%	21	-82.8%
Islamic State	1,327	-71.1%	3,151	-51.5%
Luhansk People's Republic (LPR)	1,065	+28.0%	28	+12.0%
Ansar Allah	715	-12.4%	435	-16.7%
Taliban	574	+64.0%	2,980	+134.6%
Hayat Tahrir al-Sham	388	-56.8%	130	-71.6%
Qiwaat Suriyya al-Dimoqratiyya (QSD)	301	-74.2%	22	-75.6%
Communist Party of India - Maoist (CPI-M)	289	-6.5%	161	+3.2%
Harakat al-Shabaab al-Mujahideen	243	-30.6%	570	-33.6%
New People's Army (NPA)	117	-45.8%	66	-36.5%

资料来源：IHS Markit

叙利亚、伊拉克、也门、索马里、巴基斯坦暴力冲突相对减少。

这些非政府武装组织及恐怖组织的袭击手法仍然以远距离和区域战术为主，他们使用的武器主要是以直瞄、非直瞄武器或者爆炸物，袭击的目标依然以警察和保安部队为主，但针对商业和工业目标以及特定组织的攻击仍然很多。

6. 保险视角：跨国企业面临的主要风险

随着中国企业海外投资的扩大以及中国公民境外旅游数量的增加，针对中国企业和中国公民的暴恐事件正在增加，需要中国企业在境外投资时高度警惕。

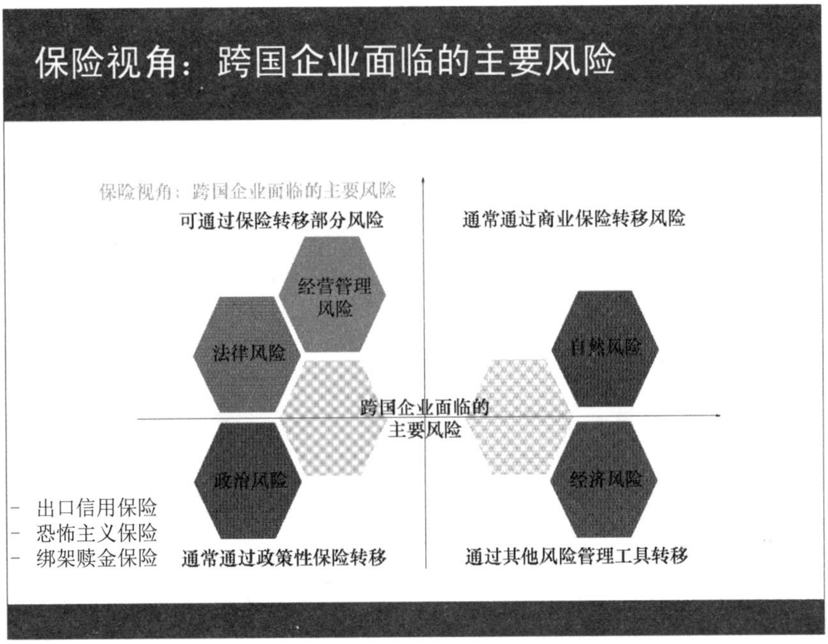

战争及暴力恐怖风险是跨国企业面临的主要风险，而政治风险也是投资经营面临诸多风险的一个方面。中国企业在制定跨国经营战略前应进行全面的风险识别及评估管控，并利用政策性和商业性保险在内的各种手段，规避、降低和转移风险。

演讲人：陈松林（劳合社（北京）有限责任公司）

4.4 中国公民全球旅行风险及变化趋势

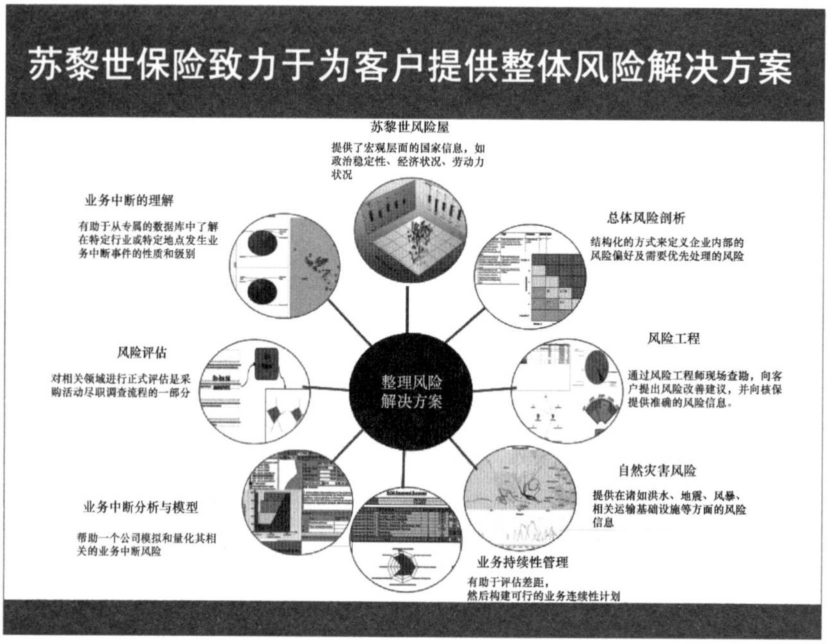
苏黎世保险致力于为客户提供整体风险解决方案
苏黎世风险屋
提供了宏观层面的国家信息，如政治稳定性、经济状况、劳动力状况
总体风险剖析
结构化的方式来定义企业内部的风险偏好及需要优先处理的风险
风险工程
通过风险工程师现场查勘，向客户提出风险改善建议，并向核保提供准确的风险信息。
自然灾害风险
提供在诸如洪水、地震、风暴、相关运输基础设施等方面的风险信息
业务持续性管理
有助于评估差距，然后构建可行的业务连续性计划
业务中断分析与模型
帮助一个公司模拟和量化其相关的业务中断风险
风险评估
对相关领域进行正式评估是采购活动尽职调查流程的一部分
业务中断的理解
有助于从专属的数据库中了解在特定行业或特定地点发生业务中断事件的性质和级别
整理风险解决方案

苏黎世风险屋——化繁为简的风险管理APP

- 用以展示说明涵盖174个国家和地区的80余种风险指标
- 包含六大风险类型：经济、地缘政治、环境、社会、科技、商业
- 生成一系列客观、动态、一目了然的视觉效果，从而能够更加直观地识别、分析来自陌生地域的风险

苏黎世风险屋也提供各种各样的信息，这并不是对苏黎世进行吹嘘，不是说我们的模式就比别人的好。对于全球的旅行者来说，为什么需要不同的模式呢?

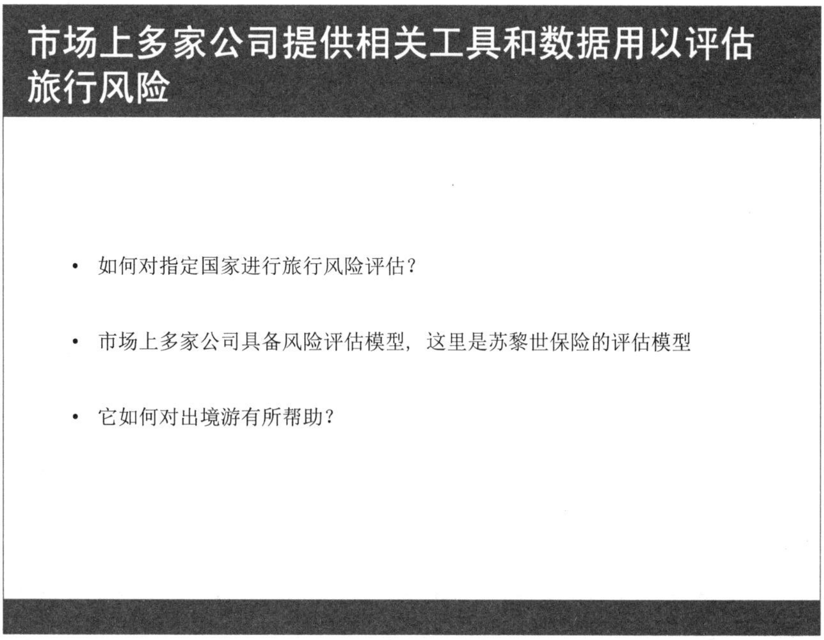
市场上多家公司提供相关工具和数据用以评估旅行风险
• 如何对指定国家进行旅行风险评估?
• 市场上多家公司具备风险评估模型，这里是苏黎世保险的评估模型
• 它如何对出境游有所帮助?

上面 PPT 显示的是苏黎世公司所使用的风险评估模型得出的结果，我之前在巴黎生活过几年，但一位中国人要去巴黎旅行，可能觉得风险会更高。如果你去巴黎，在 LV 店铺外会看到很多中国人，现在很多黑帮劫匪抢劫中国的富人，你们面临的风险更高。

另外这些工具可能太以欧洲为中心，人们对恐怖主义十分恐惧，比如通常我们认为西班牙的风险会更高，因为发生了恐袭事件。可是事实确实是如此吗? 什么是恐怖主义呢? 比如发生在拉斯维加斯的 800 人被枪击事件，人们不把它视为恐袭。所以大家对于恐袭实在是太敏感了。

中国游客的保险不足以保障其所面临的风险

- 大型医疗索赔较罕见：
  - CoverMore（苏黎世保险全球旅游险）的分析中指出，索赔超过5万美元的概率为万分之一
  - 而在我们对中国香港的业务中，索赔率为万分之三
  - 在对中国香港的业务中，我们最近收到了一宗近15万美元的索赔申请。而据我所知，业内最大的索赔额为35万美元

中国游客的保险不足以保障其所面临的风险

- 这些大额索赔占CoverMore总理赔数的11%，并且正在快速增长。因此显而易见，可以通过排除大额索赔来降低保费

中国游客的保险不足以保障其所面临的风险

- 正常的医疗索赔限额只有 1万～5万元人民币（1 500～7 500美元）
- 在1.4亿中国海外游客中，将有超过一万名游客在国外遭遇重大医疗事故，并且大部分都没有适当的保险保障
- 企业将员工派往海外时应检查保险安排，以100万元人民币保障为宜

每个人对风险的认知不同，如果大家去海外旅游，一定要看一下有关的旅行险，因为每一个国家所提供的旅行险赔付不一样，大型的理赔比较罕见，索赔超过 5 万美元的比例是万分之一。

个人风险评估——需要更适合的保障

- 在经济全球化大环境下，海外出行是必不可少的。你有风险评估和安全保障的能力吗？

个人风险评估（许多保险公司都不愿意谈论的话题）

（1）单身女子出行，不同地点风险不一

（2）同性恋者出行，不同地点风险不一

（3）种族和国籍不同，风险大不一样

（4）停留时间长短不同，风险评估不同

（5）对风险的理解和教育比地毯式风险管理更重要

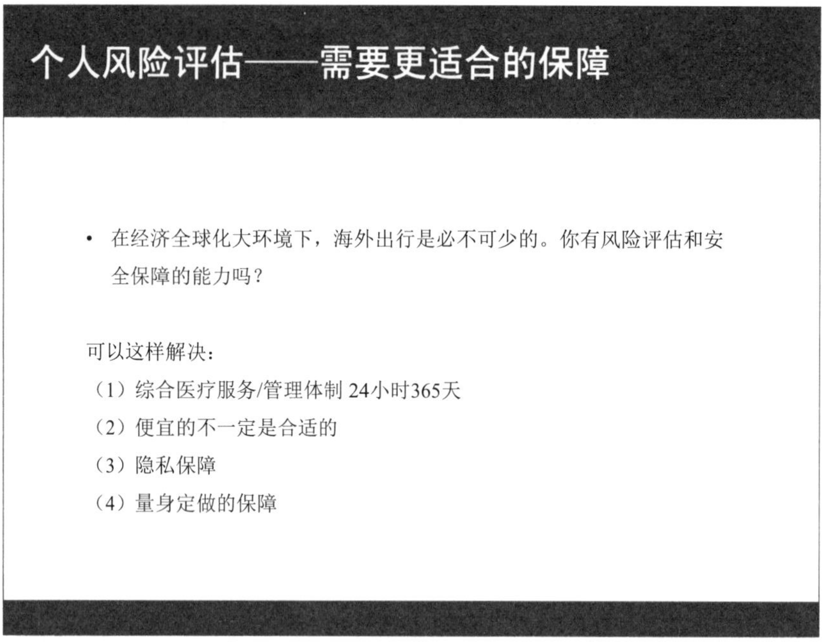
个人风险评估——需要更适合的保障
• 在经济全球化大环境下，海外出行是必不可少的。你有风险评估和安全保障的能力吗？
可以这样解决：
（1）综合医疗服务/管理体制 24小时365天
（2）便宜的不一定是合适的
（3）隐私保障
（4）量身定做的保障

在经济全球化的大环境之下，海外出行是必不可少的，现在市场上的工具不能帮助我们进行适当的评估，我们必须要就个人的风险进行定制评估。对于不同身份类别的人去不同的地方风险也是不一样的。

演讲人：Nigel Bruce（苏黎世财产保险（中国）有限公司）

4.5　“一带一路”五通趋利避害的新挑战

1. “一带一路”面临的风险与挑战

五通是“一带一路”的政策框架、合作内容和衡量指标。

“一带一路”“五通”即政策沟通、设施联通、贸易畅通、资金融通和民心相通。

“五通”是“一带一路”的合作内容。设施、贸易、资金这三个是主要的支撑，其真正想要达到的目的就是民心相通，这些内容形成一只手，再加上市场这只手就是两只手一起推进“一带一路”建设。

“一带一路”“五通”是一个衡量的指标体系，衡量企业“走出去”所做的事情是否符合“一带一路”建设的目标。“五通”还是量化合作范围已经到什么程度的一个指标。同时“五通”也是衡量“一带一路”进展程度的一个指标。

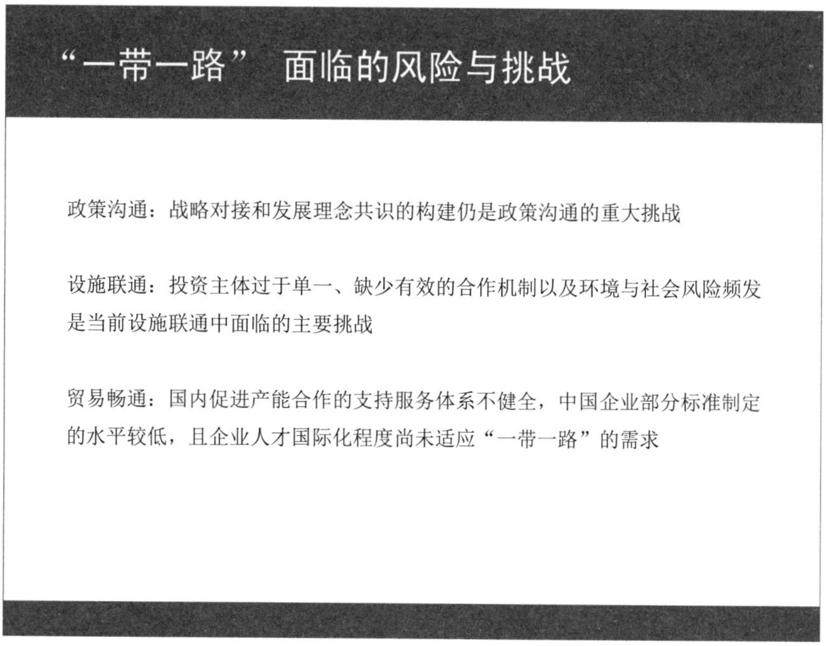
“一带一路”　面临的风险与挑战
政策沟通：战略对接和发展理念共识的构建仍是政策沟通的重大挑战
设施联通：投资主体过于单一、缺少有效的合作机制以及环境与社会风险频发是当前设施联通中面临的主要挑战
贸易畅通：国内促进产能合作的支持服务体系不健全，中国企业部分标准制定的水平较低，且企业人才国际化程度尚未适应“一带一路”的需求

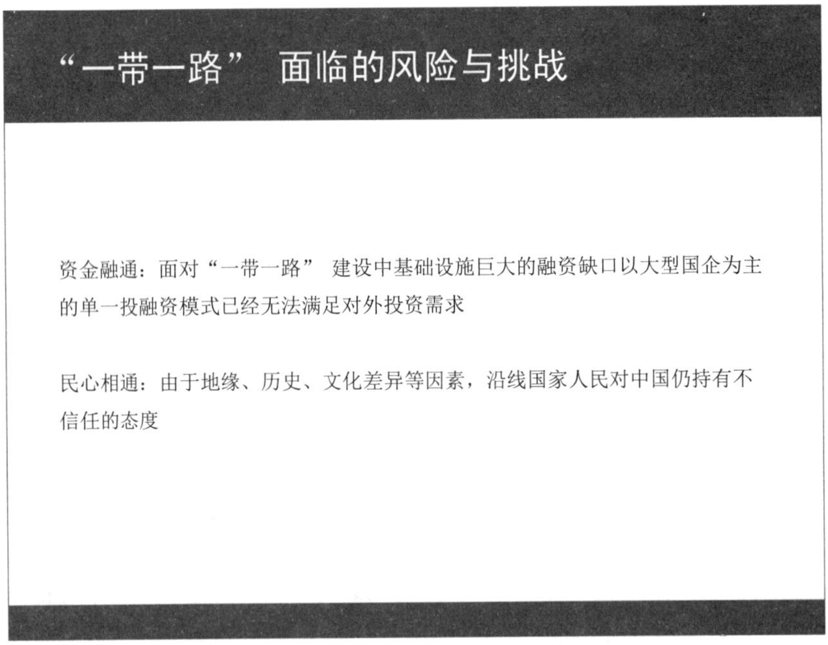
“一带一路” 面临的风险与挑战
资金融通：面对“一带一路” 建设中基础设施巨大的融资缺口以大型国企为主的单一投融资模式已经无法满足对外投资需求
民心相通：由于地缘、历史、文化差异等因素，沿线国家人民对中国仍持有不信任的态度

2. 2019 年全国两会赋能“一带一路”“五通”合作

针对“五通”面临的挑战，我们在政策层面会有哪些措施出台并且应对呢?

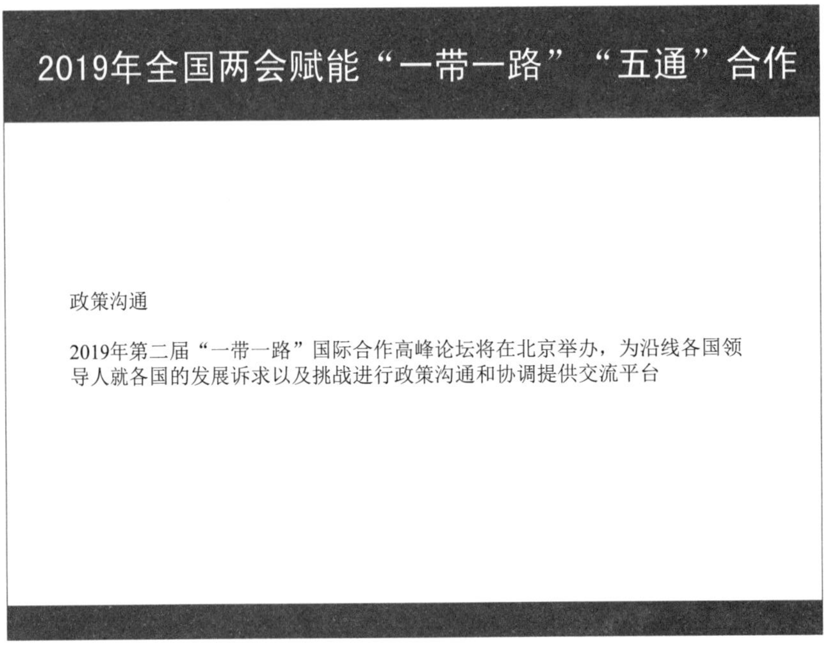
2019年全国两会赋能“一带一路”“五通”合作
政策沟通
2019年第二届“一带一路”国际合作高峰论坛将在北京举办，为沿线各国领导人就各国的发展诉求以及挑战进行政策沟通和协调提供交流平台

在政策沟通方面，今年会召开第二届高峰论坛，这是关于“一带一路”最大的政策沟通平台。

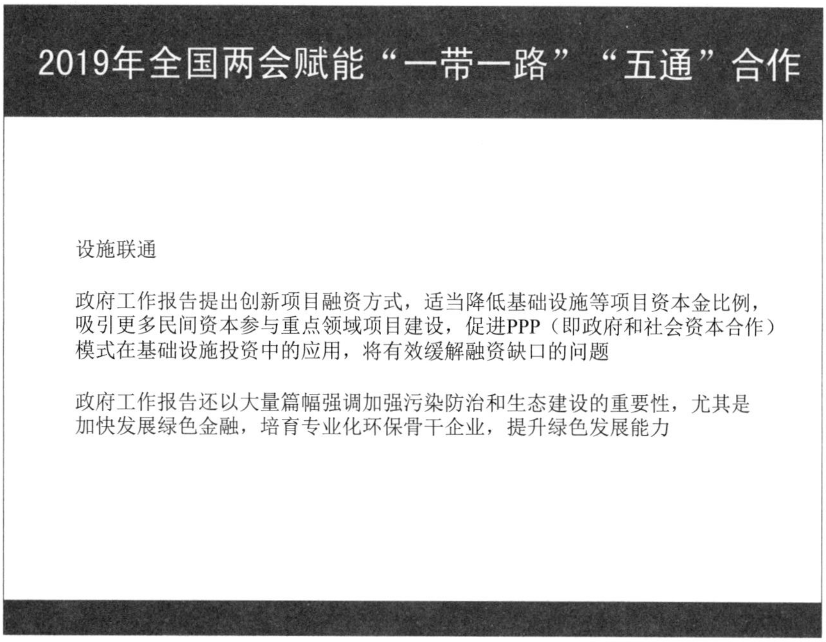
2019年全国两会赋能“一带一路”“五通”合作
设施联通
政府工作报告提出创新项目融资方式，适当降低基础设施等项目资本金比例，吸引更多民间资本参与重点领域项目建设，促进PPP（即政府和社会资本合作）模式在基础设施投资中的应用，将有效缓解融资缺口的问题
政府工作报告还以大量篇幅强调加强污染防治和生态建设的重要性，尤其是加快发展绿色金融，培育专业化环保骨干企业，提升绿色发展能力

设施联通方面，政府工作报告特别提出创新项目的融资方式，只要设施有创新意义，获得融资的可能性就会加大。

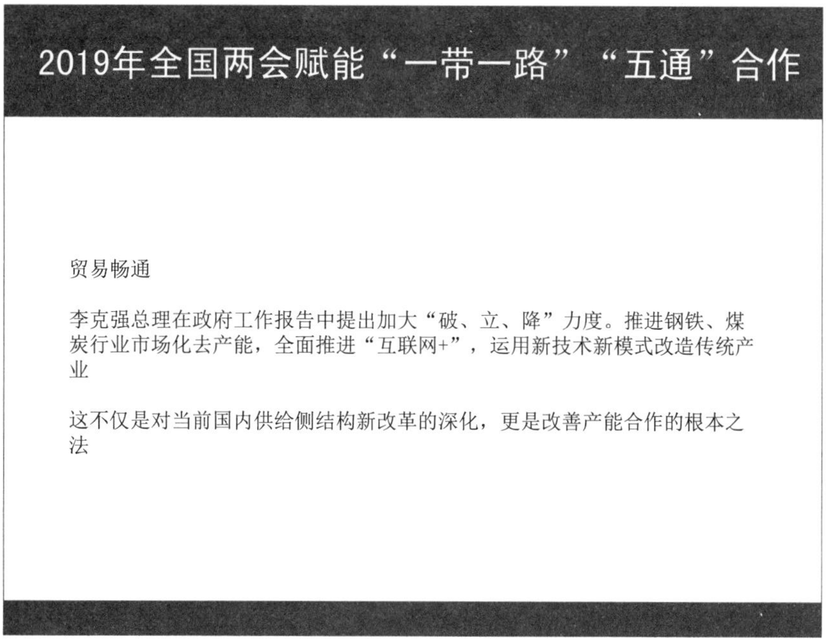
2019年全国两会赋能“一带一路”“五通”合作
贸易畅通
李克强总理在政府工作报告中提出加大“破、立、降”力度。推进钢铁、煤炭行业市场化去产能，全面推进“互联网+”，运用新技术新模式改造传统产业
这不仅是对当前国内供给侧结构新改革的深化，更是改善产能合作的根本之法

贸易畅通方面，李克强总理同样提出了这样一个政策，全面推进“互联网+”，如果与此有关，企业更加容易出海。

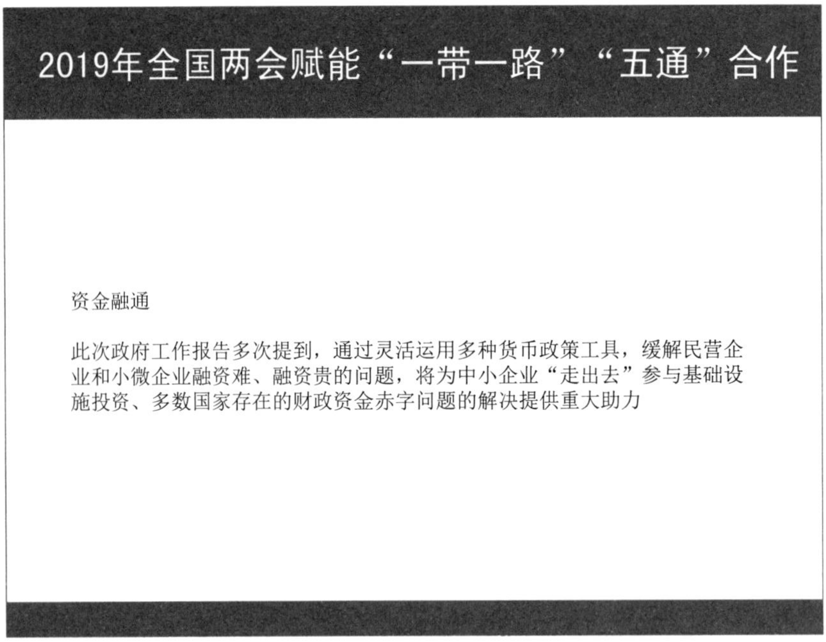
2019年全国两会赋能“一带一路”“五通”合作
资金融通
此次政府工作报告多次提到，通过灵活运用多种货币政策工具，缓解民营企业和小微企业融资难、融资贵的问题，将为中小企业“走出去”参与基础设施投资、多数国家存在的财政资金赤字问题的解决提供重大助力

资金融资方面，提到了对小微企业的融资方式。“一带一路”企业“走出去”更多的是做服务业，最后做民心相通。

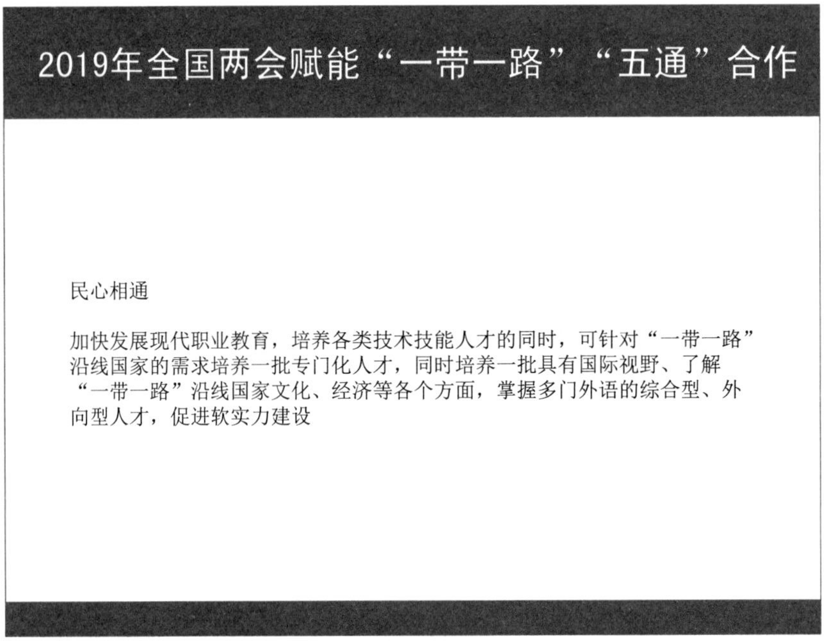
2019年全国两会赋能“一带一路”“五通”合作
民心相通
加快发展现代职业教育，培养各类技术技能人才的同时，可针对“一带一路”沿线国家的需求培养一批专门化人才，同时培养一批具有国际视野、了解“一带一路”沿线国家文化、经济等各个方面，掌握多门外语的综合型、外向型人才，促进软实力建设

现在大量政策的出台都是关于民心相通，大家可以在各个政策平台、部委网站上找到民心相通的项目。“一带一路”建设是内外融通的渠道，解决中国企业“走出去”的风险首先要看国内出台哪些政策，通过这些政策来解决风险。

演讲人：翟崑（北京大学国际关系学院）

4.6 中美贸易摩擦与中国企业“走出去”的新挑战

中美的贸易赤字有上升和下降的波动。2016 年中美贸易量较大，2017 年出现了一些波动。2018 年年初表现不错，虽然在双边关系方面有一些波动，可是两国间的贸易赤字还是保持稳定。换句话说，赤字指的是结构性的，如果大家看灰色的点线图（即美国同比进口值），可以看出双边贸易政策出现了周期性的波动。

中国主要进行电子产品的出口，包括手机等。

信息与通信技术（ICT）和电信的部分，在中美双方谈判当中是一个主要的内容。

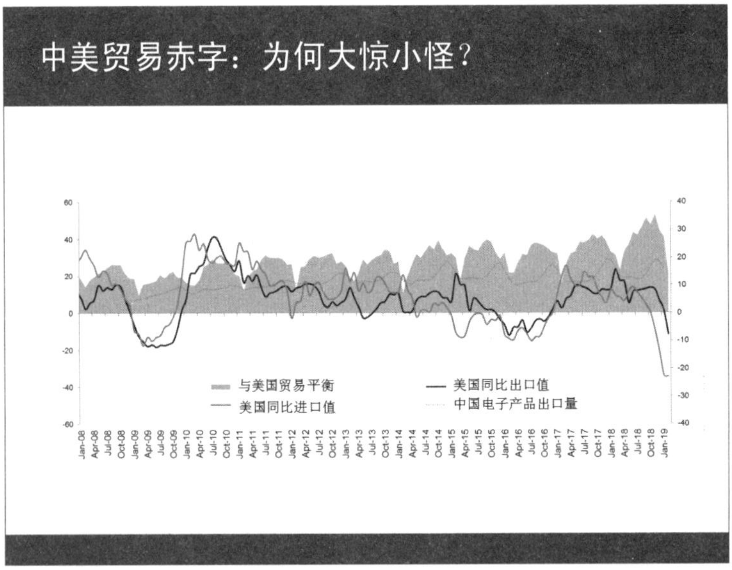

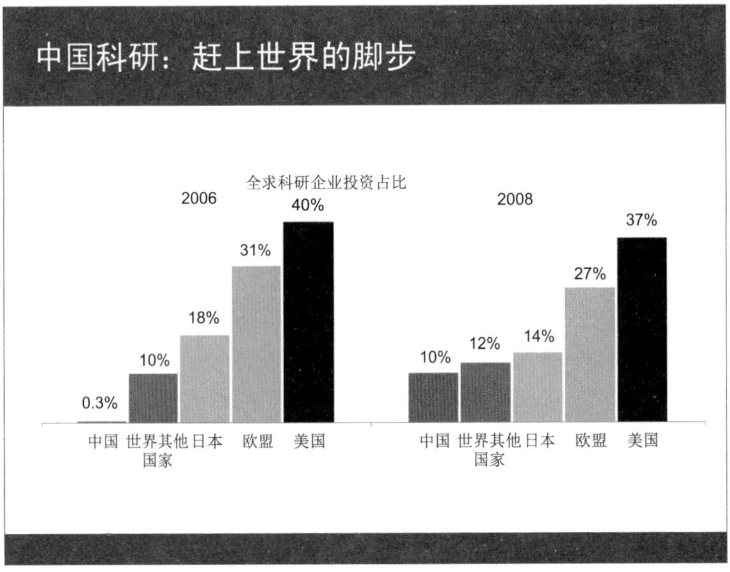

中国在研发方面的投资也赶上了全球的趋势，从最初接近于 0，到之后上升到 14%，和美国、欧盟以及日本相比较，中国在研发方面的投入不断追赶。

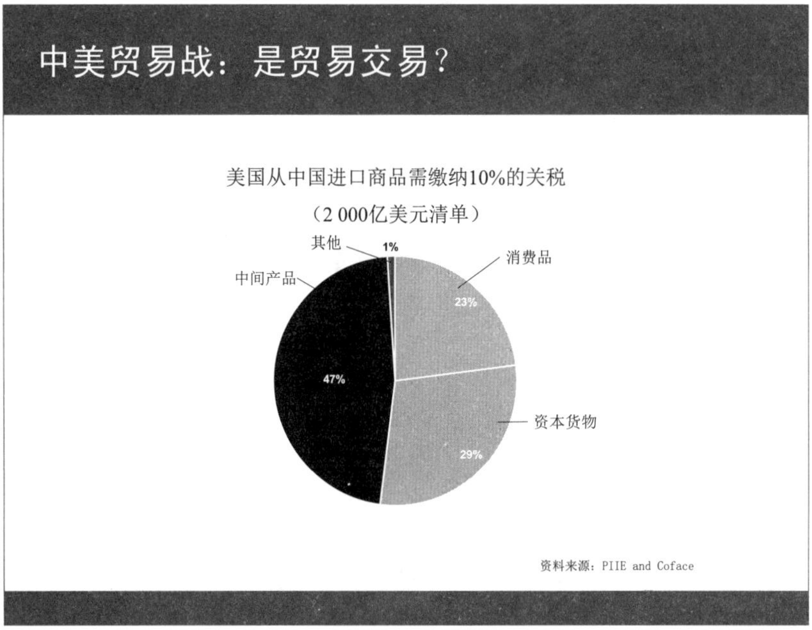
中美贸易战：是贸易交易？
美国从中国进口商品需缴纳10%的关税
（2 000亿美元清单）
其他
1%
消费品
23%
中间产品
47%
资本货物
29%
资料来源：PIIE and Coface

中美贸易摩擦有什么样的趋势呢？我们认为最后会出现一些共识达成协议。根据饼图显示，现在几乎 50% 的商品包括在目前的清单当中，有一些产品出口到了美国之后进行再装配又出口到其他国家。

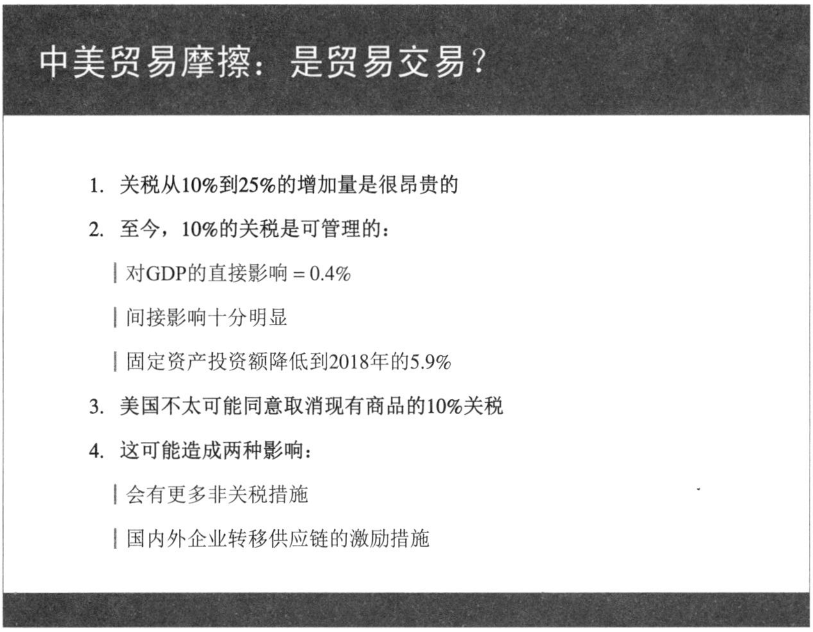
中美贸易摩擦：是贸易交易？
1. 关税从10%到25%的增加量是很昂贵的
2. 至今，10%的关税是可管理的：
| 对GDP的直接影响 = 0.4%
| 间接影响十分明显
| 固定资产投资额降低到2018年的5.9%
3. 美国不太可能同意取消现有商品的10%关税
4. 这可能造成两种影响：
| 会有更多非关税措施
| 国内外企业转移供应链的激励措施

关税从10%增加到25%，肯定是不理想的情况，国内的情绪，希望在2018年还是保持10%的关税，固定资产的投资已经减缓到5.9%，我们希望之后能够从关税的手段转移到非关税的措施方面，这样就能够促进中国的贸易结构进行进一步改革，也能够使得中国的经济前景更好。

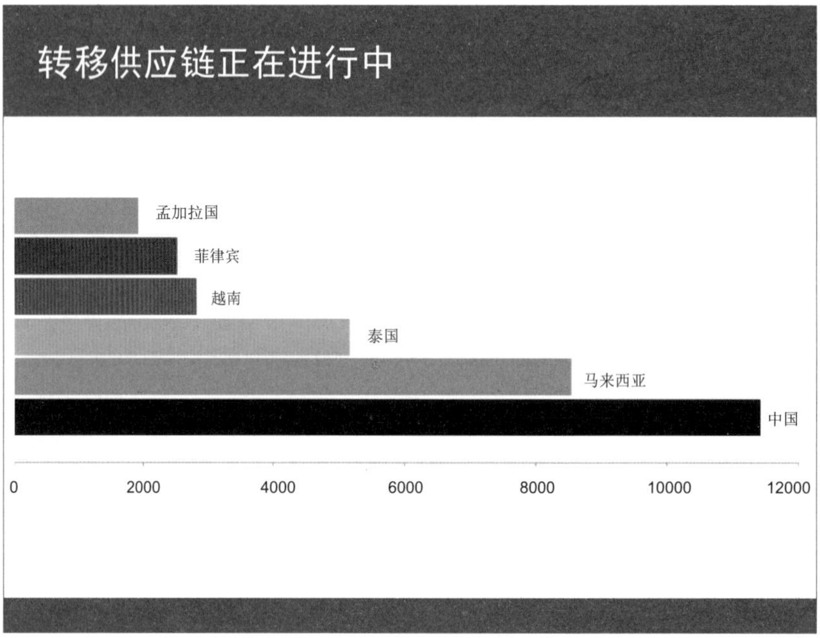

现在供应链从中国的一些地方转移到了别的地方。这样的转移，对中国的企业来说有利也有弊。2008年的时候，手机的装配生产线已经转移到了越南等国家，由于中美两国之间的贸易摩擦，现在转移在不断地加速。

为什么会出现这样的情况？因为现在中国的劳工工资和亚洲其他国家相比较而言，已经上升了不少。越南、泰国、马来西亚，还有孟加拉国的劳动力成本要更低一些，环境的成本在这些亚洲国家也更低。越南已经和美国签订有自由贸易的协议，这使得越南有很大的吸引力。

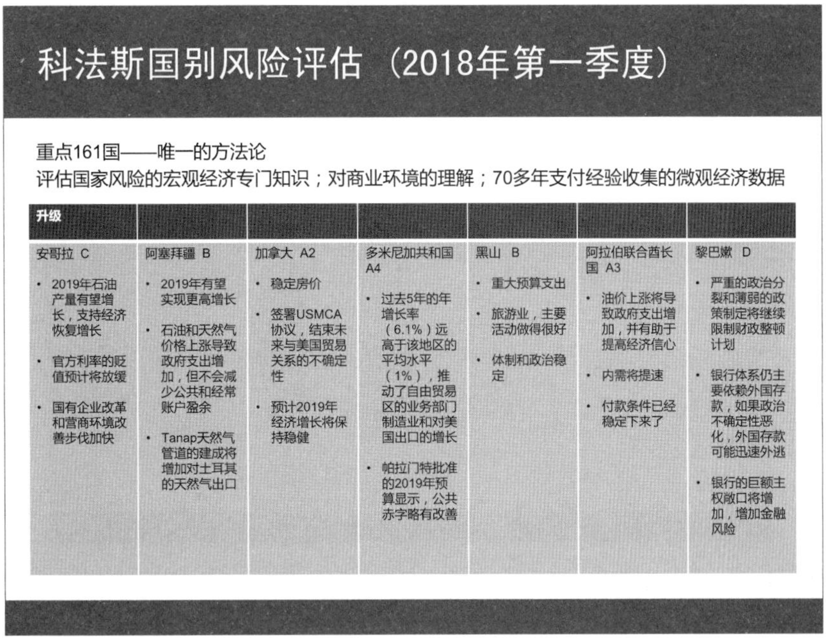
科法斯国别风险评估（2018年第一季度）
重点161国——唯一的方法论
评估国家风险的宏观经济专门知识；对商业环境的理解；70多年支付经验收集的微观经济数据
升级
安哥拉 C
• 2019年石油产量有望增长，支持经济恢复增长
• 官方利率的贬值预计将放缓
• 国有企业改革和营商环境改善步伐加快
阿塞拜疆 B
• 2019年有望实现更高增长
• 石油和天然气价格上涨导致政府支出增加，但不会减少公共和经常账户盈余
• Tanap天然气管道的建成将增加对土耳其的天然气出口
加拿大 A2
• 稳定房价
• 签署USMCA协议，结束未来与美国贸易关系的不确定性
• 预计2019年经济增长将保持稳健
多米尼加共和国 A4
• 过去5年的年增长率（6.1%）远高于该地区的平均水平（1%），推动了自由贸易区的业务部门制造业和对美国出口的增长
• 帕拉门特批准的2019年预算显示，公共赤字略有改善
黑山 B
• 重大预算支出
• 旅游业，主要活动做得很好
• 体制和政治稳定
阿拉伯联合酋长国 A3
• 油价上涨将导致政府支出增加，并有助于提高经济信心
• 内需将提速
• 付款条件已经稳定下来了
黎巴嫩 D
• 严重的政治分裂和薄弱的政策制定将继续限制财政整顿计划
• 银行体系仍主要依赖外国存款，如果政治不确定性恶化，外国存款可能迅速外逃
• 银行的巨额主权敞口将增加，增加金融风险

这是 2019 年和 2018 年的国别风险分析图，涵盖 161 个国家和地区，上一个季度第一次把朝鲜纳入图中。

风险评估主要有四个方面的分析，第一是经济的增长，包括赤字、通胀、公共债务；第二是政治模型，包括了 50 个综合因素；一些国家的数据可达性也非常重要，涉及信息，最后一个是关于支付方面的情况。

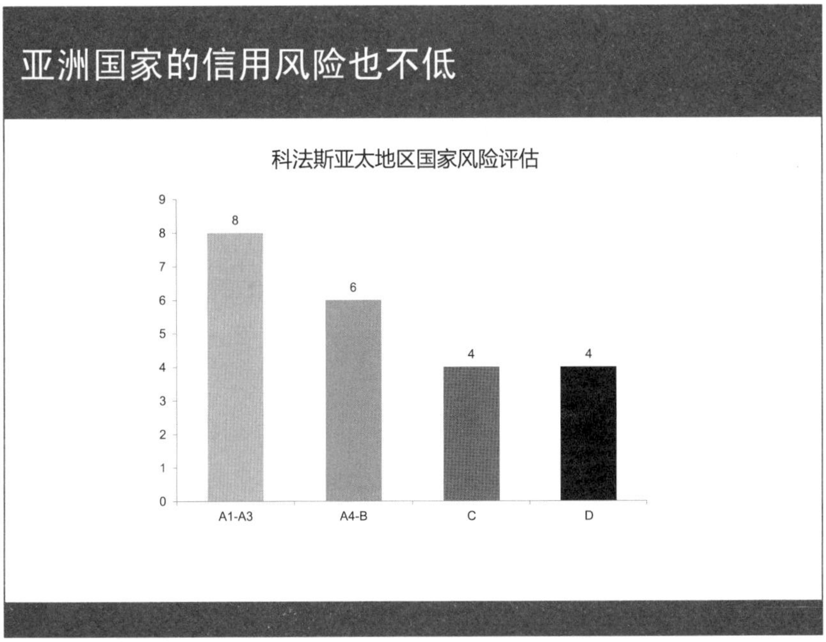
亚洲国家的信用风险也不低
科法斯亚太地区国家风险评估
9
8
7
6
5
4
3
2
1
0
8
6
4
4
A1-A3
A4-B
C
D

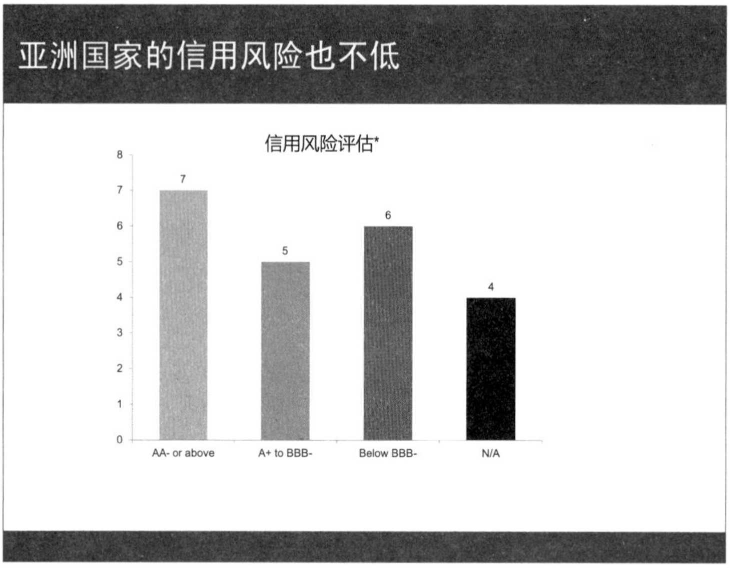

大多数供应链位于亚洲国家，所以我们的侧重点在亚洲，但是我们的分析方法在南美洲、北美洲也可以用，这些国家信用风险并不低，中国的企业一定要意识到这一点。我们也愿意和其他的风险评估机构对比，参照他们的结果来调整我们的结果。

总体来讲分析结果是一样的，在亚太地区仍然存在一定的风险问题，但是像新西兰、日本、韩国、新加坡和中国香港等国家和地区的信贷风险相对来讲比较低。其他亚洲国家会归到 B、C、D 类风险评估的结果类别中去。

首先政治风险放在第一位，像巴基斯坦的风险最近几个月不断递增。菲律宾以及自然风险比较高的国家，在营商环境方面的风险也非常具有综合性，债务增加。亚洲新兴经济体之间债务危机也较大。

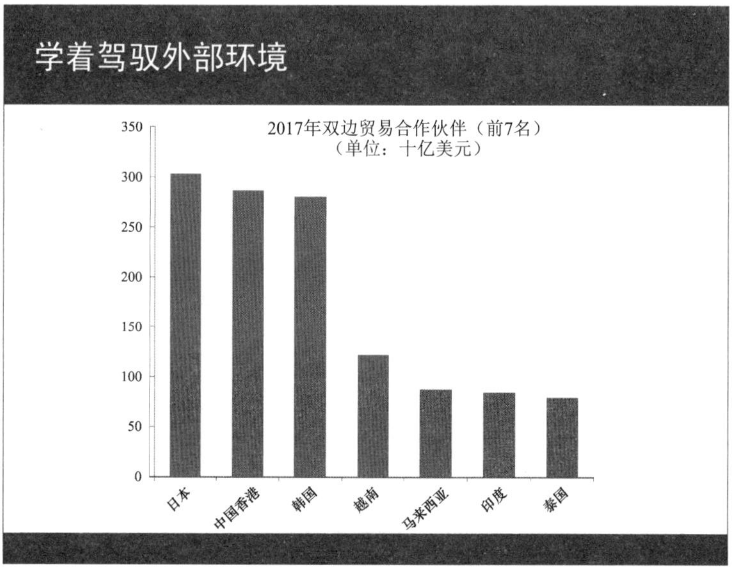

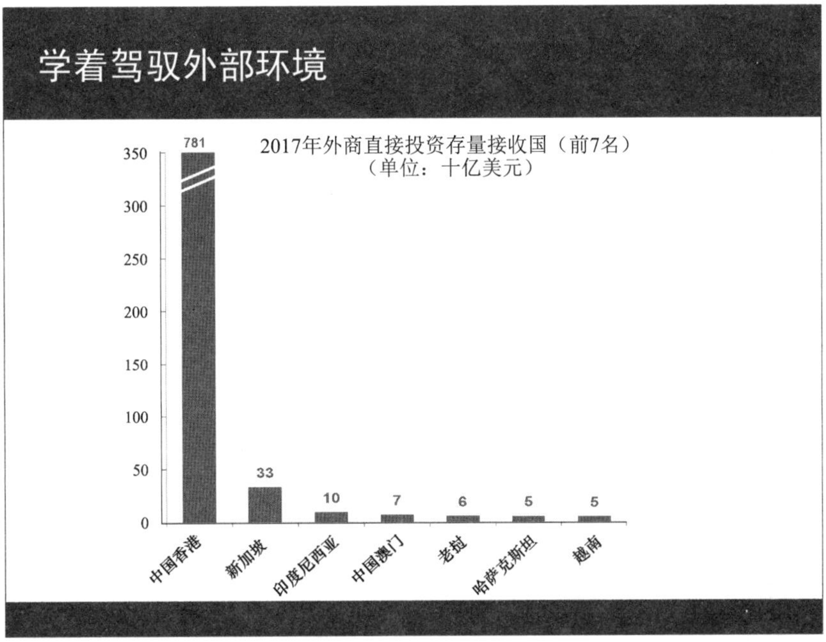

演讲人：卡洛斯·卡萨诺瓦（科法斯）

4.7 知识产权风险的水有多深

知识产权作为一种财产权，无形却有价，任何一个企业在经营过程中都不可避免地面临着知识产权的风险。“走出去”的企业，其知识产权风险存在什么问题？其表现形式和管理方面的主要策略应该从哪几个方面考虑？

1. 企业“走出去”知识产权风险类型

知识产权与技术标准相结合可形成壁垒风险，以通信领域为例，比如我们非常熟悉的CDMA（码分多址）技术，CDMA技术在通信领域中比较瞩目，它在专利授权费的领域、专利权使用的领域，以及专利许可的领域当中，与反垄断、许可应用等有交叉，该领域的知识产权风险已经在很多媒体的报道当中可以见到。

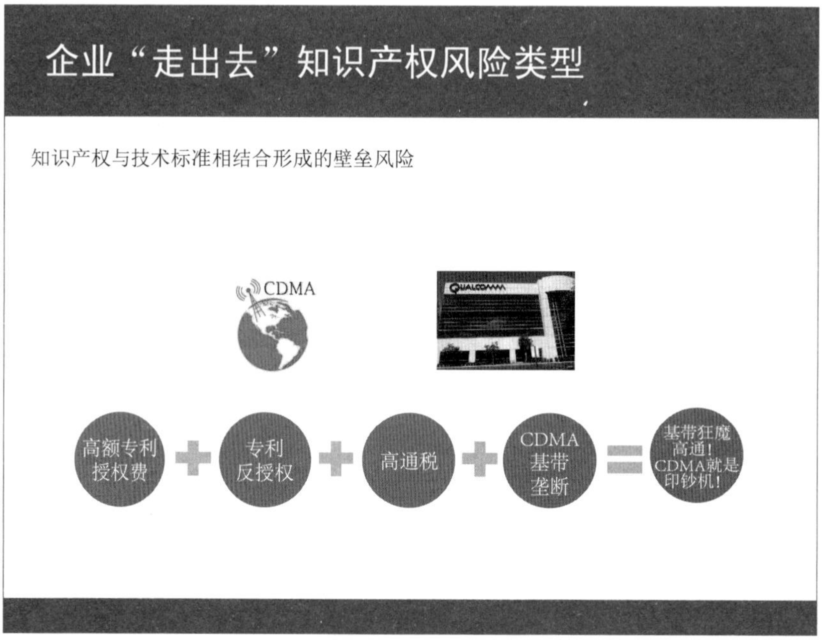

存在知识产权滥用的风险，知识产权作为一种财产权利，权利人如果使用不当，如果有非正当的意图，可能滥用权利。其中，表现比较突出的像知识产权的陷阱布局，竞争对手在其他相关企业进入同一市场前，往往会设计一些“局”，这些“局”往往成为后进入者难以绕过的坎。

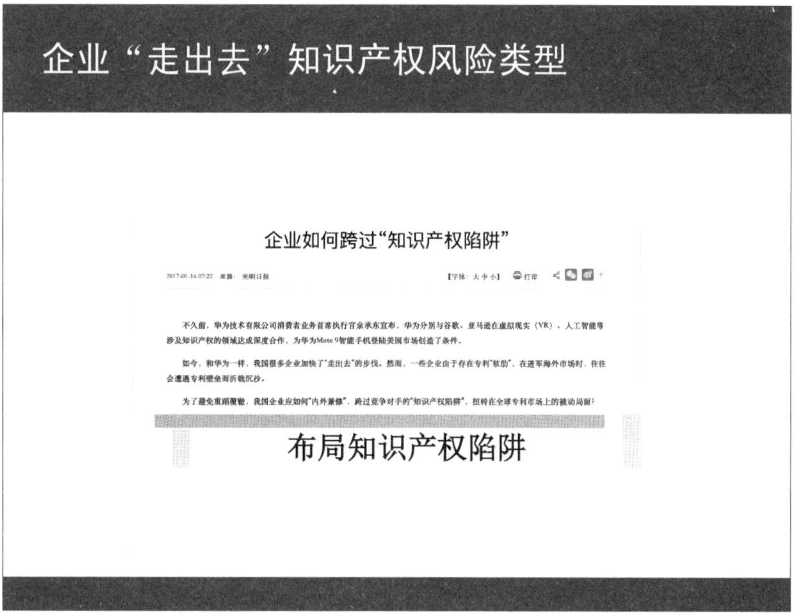
企业“走出去”知识产权风险类型
企业如何跨过“知识产权陷阱”
2017-01-16 07:22　来源：光明日报
【字体：大 中 小】　打印
不久前，华为技术有限公司消费者业务首席执行官余承东宣布，华为分别与谷歌、亚马逊在虚拟现实（VR）、人工智能等涉及知识产权的领域达成深度合作，为华为Mate 9智能手机登陆美国市场创造了条件。
如今，和华为一样，我国很多企业加快了“走出去”的步伐。然而，一些企业由于存在专利“软肋”，在进军海外市场时，往往会遭遇专利壁垒而折戟沉沙。
为了避免重蹈覆辙，我国企业应如何“内外兼修”，跨过竞争对手的“知识产权陷阱”，扭转在全球专利市场上的被动局面？
布局知识产权陷阱

通过知识产权诉讼这种形式来滥用知识产权。知识产权诉讼在中国企业“走出去”的过程当中是越来越常出现的一个关键词，我们从大量的企业案例当中可以看到，很多知识产权权利人在滥用知识产权这种武器，采用这种法律形式来打击竞争对手。

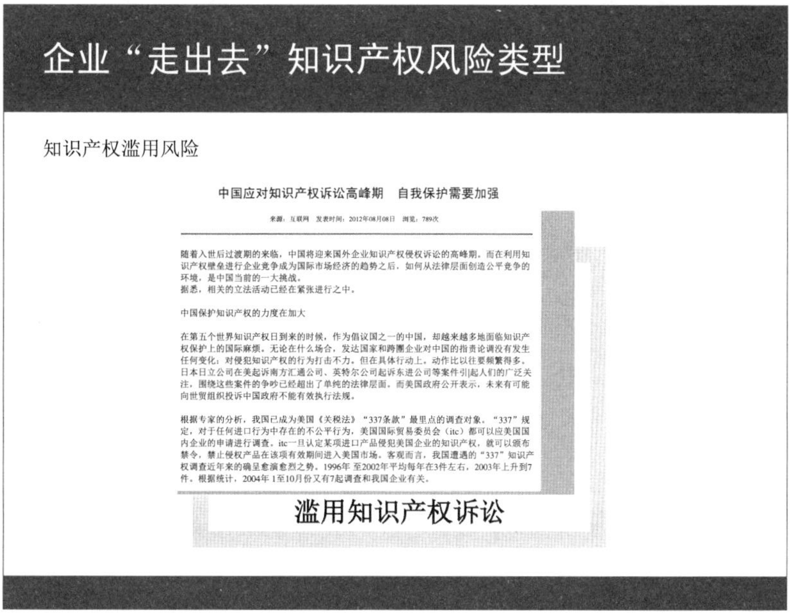
企业“走出去”知识产权风险类型
知识产权滥用风险
中国应对知识产权诉讼高峰期　自我保护需要加强
来源：互联网　发表时间：2012年08月08日　浏览：789次
随着入世后过渡期的来临，中国将迎来国外企业知识产权侵权诉讼的高峰期。而在利用知识产权壁垒进行企业竞争成为国际市场经济的趋势之后，如何从法律层面创造公平竞争的环境，是中国当前的一大挑战。
据悉，相关的立法活动已经在紧张进行之中。
中国保护知识产权的力度在加大
在第五个世界知识产权日到来的时候，作为倡议国之一的中国，却越来越多地面临知识产权保护上的国际麻烦。无论在什么场合，发达国家和跨国企业对中国的指责论调没有发生任何变化：对侵犯知识产权的行为打击不力。但在具体行动上，动作比以往要频繁得多。日本日立公司在美起诉南方汇通公司、英特尔公司起诉东进公司等案件引|起人们的广泛关注，围绕这些案件的争吵已经超出了单纯的法律层面。而美国政府公开表示，未来有可能向世贸组织投诉中国政府不能有效执行法规。
根据专家的分析，我国已成为美国《关税法》“337条款”最里点的调查对象。“337”规定，对于任何进口行为中存在的不公平行为，美国国际贸易委员会（itc）都可以应美国国内企业的申请进行调查。itc一旦认定某项进口产品侵犯美国企业的知识产权，就可以颁布禁令，禁止侵权产品在该项有效期间进入美国市场。客观而言，我国遭遇的“337”知识产权调查近年来的确呈愈演愈烈之势。1996年 至2002年平均每年在3件左右，2003年上升到7件。根据统计，2004年 1至10月份又有7起调查和我国企业有关。
滥用知识产权诉讼

知识产权滥用的表现形式最多的就是发警告函，通过律师，通过专业人员警告竞争对手，滥发竞争市场当中的函件警告。

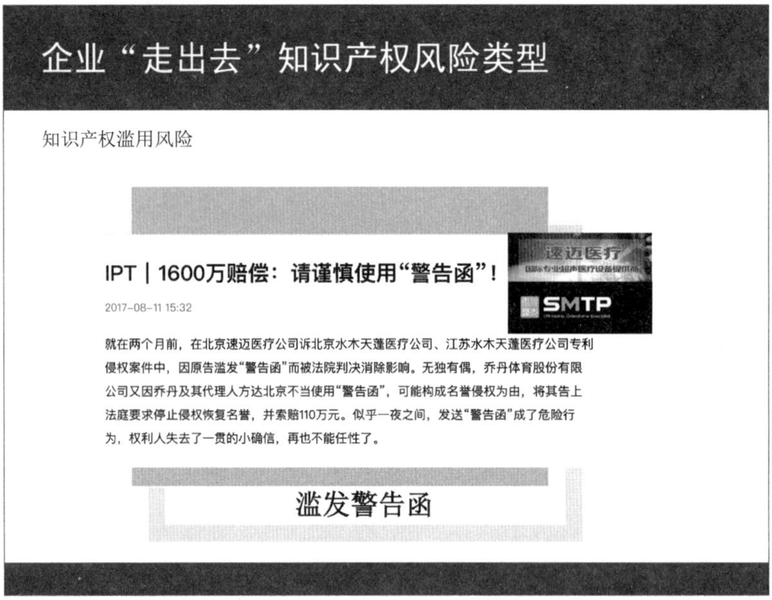
企业“走出去”知识产权风险类型
知识产权滥用风险
IPT | 1600万赔偿：请谨慎使用“警告函”！
2017-08-11 15:32
速迈医疗
SMTP
就在两个月前，在北京速迈医疗公司诉北京水木天蓬医疗公司、江苏水木天蓬医疗公司专利侵权案件中，因原告滥发“警告函”而被法院判决消除影响。无独有偶，乔丹体育股份有限公司又因乔丹及其代理人方达北京不当使用“警告函”，可能构成名誉侵权为由，将其告上法庭要求停止侵权恢复名誉，并索赔110万元。似乎一夜之间，发送“警告函”成了危险行为，权利人失去了一贯的小确信，再也不能任性了。
滥发警告函

在新产品进入市场当中的一个重要舞台——展会载体上也经常可以看到，权利人滥用知识产权，通过知识产权制度，通过当地展会所在地的产权制度打击竞争对手。

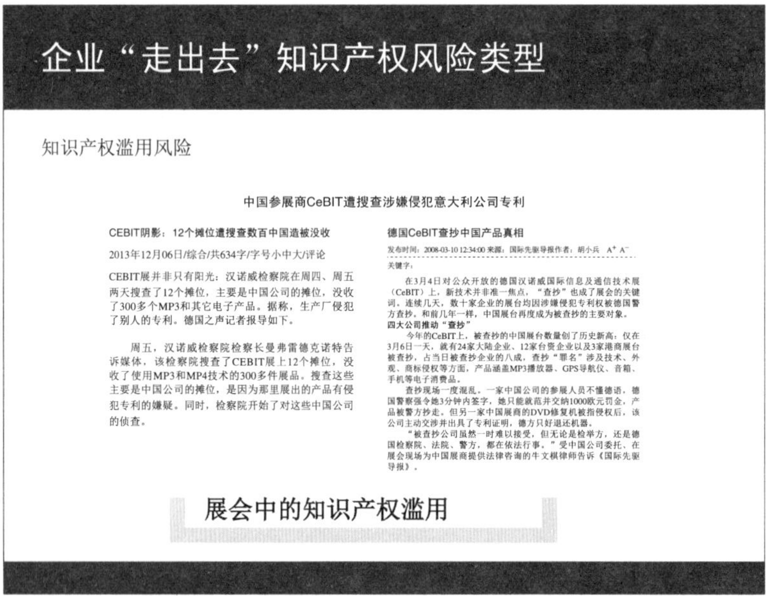
企业“走出去”知识产权风险类型
知识产权滥用风险
中国参展商CeBIT遭搜查涉嫌侵犯意大利公司专利
CEBIT阴影：12个摊位遭搜查数百中国造被没收
2013年12月06日/综合/共634字/字号小中大/评论
CEBIT展并非只有阳光：汉诺威检察院在周四、周五两天搜查了12个摊位，主要是中国公司的摊位，没收了300多个MP3和其它电子产品。据称，生产厂侵犯了别人的专利。德国之声记者报导如下。
周五，汉诺威检察院检察长曼弗雷德克诺特告诉媒体，该检察院搜查了CEBIT展上12个摊位，没收了使用MP3和MP4技术的300多件展品。搜查这些主要是中国公司的摊位，是因为那里展出的产品有侵犯专利的嫌疑。同时，检察院开始了对这些中国公司的侦查。
德国CeBIT查抄中国产品真相
发布时间：2008-03-10 12:34:00 来源：国际先驱导报作者：胡小兵 A+ A-
关键字：
在3月4日对公众开放的德国汉诺威国际信息及通信技术展（CeBIT）上，新技术并非唯一焦点，“查抄”也成了展会的关键词。连续几天，数十家企业的展台均因涉嫌侵犯专利权被德国警方查抄。和前几年一样，中国展台再度成为被查抄的主要对象。
四大公司推动“查抄”
今年的CeBIT上，被查抄的中国展台数量创了历史新高：仅在3月6日一天，就有24家大陆企业、12家台资企业以及3家港商展台被查抄，占当日被查抄企业的八成，查抄“罪名”涉及技术、外观、商标侵权等方面，产品涵盖MP3播放器、GPS导航仪、音箱、手机等电子消费品。
查抄现场一度混乱。一家中国公司的参展人员不懂德语，德国警察强令她3分钟内签字，她只能就范并交纳1000欧元罚金，产品被警方抄走。但另一家中国展商的DVD修复机被指侵权后，该公司主动交涉并出具了专利证明，德方只好退还机器。
“被查抄公司虽然一时难以接受，但无论是检举方，还是德国检察院、法院、警方，都在依法行事。”受中国公司委托、在展会现场为中国展商提供法律咨询的牛文棋律师告诉《国际先驱导报》。
展会中的知识产权滥用

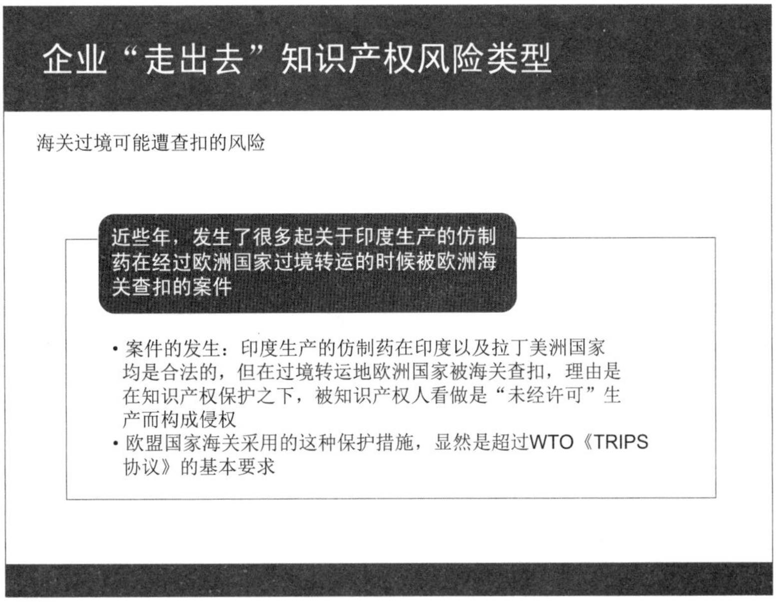
企业“走出去”知识产权风险类型
海关过境可能遭查扣的风险
近些年，发生了很多起关于印度生产的仿制药在经过欧洲国家过境转运的时候被欧洲海关查扣的案件
• 案件的发生：印度生产的仿制药在印度以及拉丁美洲国家均是合法的，但在过境转运地欧洲国家被海关查扣，理由是在知识产权保护之下，被知识产权人看做是“未经许可”生产而构成侵权
• 欧盟国家海关采用的这种保护措施，显然是超过WTO《TRIPS协议》的基本要求

海关查验是一个经济体或一个司法主体保护本国相关产业的重要形式。可以通过产权备案的形式打击竞争对手，过境海关时遭查扣的案件近年来越来越多，在海关查扣当中遭遇商品进出口困境的企业也逐年在增加。

2. 中国企业应对海外知识产权风险时存在的问题

（1）企业海外知识产权的意识有待提高

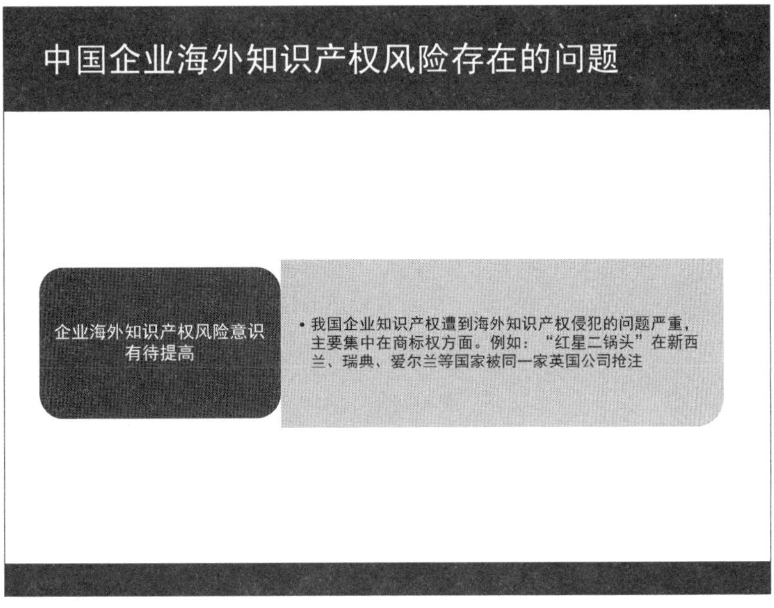
中国企业海外知识产权风险存在的问题
企业海外知识产权风险意识有待提高
• 我国企业知识产权遭到海外知识产权侵犯的问题严重，主要集中在商标权方面。例如：“红星二锅头”在新西兰、瑞典、爱尔兰等国家被同一家英国公司抢注

如北京的“红星”二锅头商标在进入新西兰、瑞典、爱尔兰等国家时就遭遇英国公司的抢注。这些商标的知识产权本来属于中国公司，但是在“走出去”过程中，因为防范意识不够，被其他人抢注。

（2）企业核心知识产权的储备和布局能力有待提高

核心知识产权储备数量不够，我们在研发方面的投入，对于核心知识产权价值认识、观念有较大的提升空间，布局能力也还比较弱，这一板块也影响到企业知识产权保护的实力。

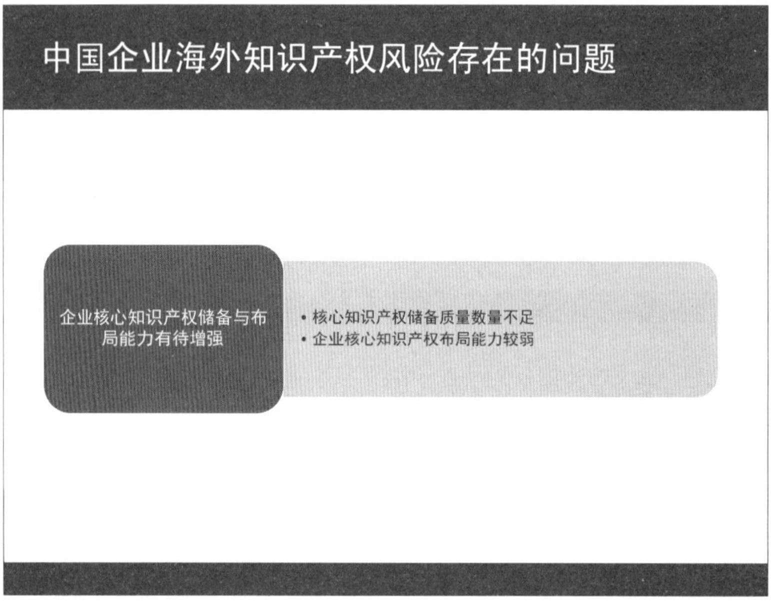
中国企业海外知识产权风险存在的问题
企业核心知识产权储备与布局能力有待增强
• 核心知识产权储备质量数量不足
• 企业核心知识产权布局能力较弱

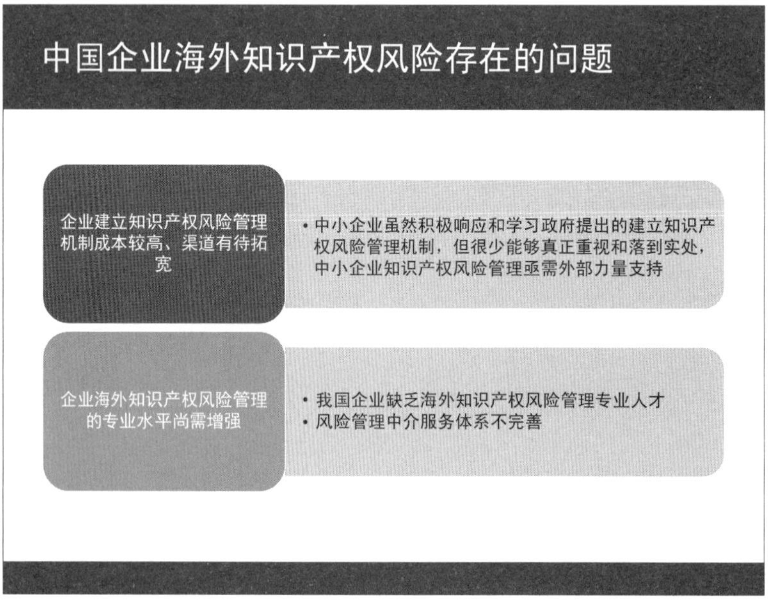
中国企业海外知识产权风险存在的问题
企业建立知识产权风险管理机制成本较高、渠道有待拓宽
• 中小企业虽然积极响应和学习政府提出的建立知识产权风险管理机制，但很少能够真正重视和落到实处，中小企业知识产权风险管理亟需外部力量支持
企业海外知识产权风险管理的专业水平尚需增强
• 我国企业缺乏海外知识产权风险管理专业人才
• 风险管理中介服务体系不完善

（3）化解知识产权风险的成本很高

化解风险的成本较高，尤其是广大的中小企业，在建立知识产权风险管理机制的过程中，对于外部专业力量的依赖还比较大。

3. 企业知识产权风险管理的内容有很多，以下介绍几种常见的策略。

无效策略：知识产权是法定权利，它的效率是法定的，通过法律同样也可以对知识产权的效率提出挑战。无效策略是知识产权风险管理当中常见的策略。

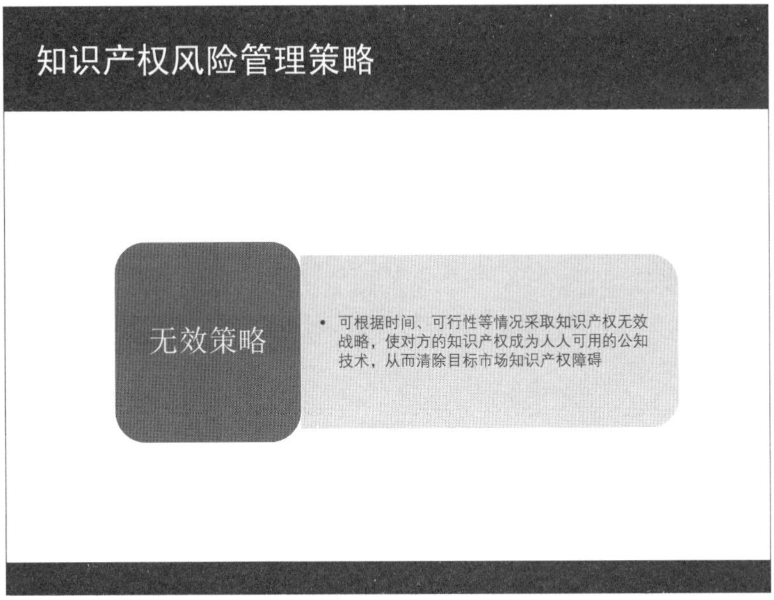
知识产权风险管理策略
无效策略
• 可根据时间、可行性等情况采取知识产权无效战略，使对方的知识产权成为人人可用的公知技术，从而清除目标市场知识产权障碍

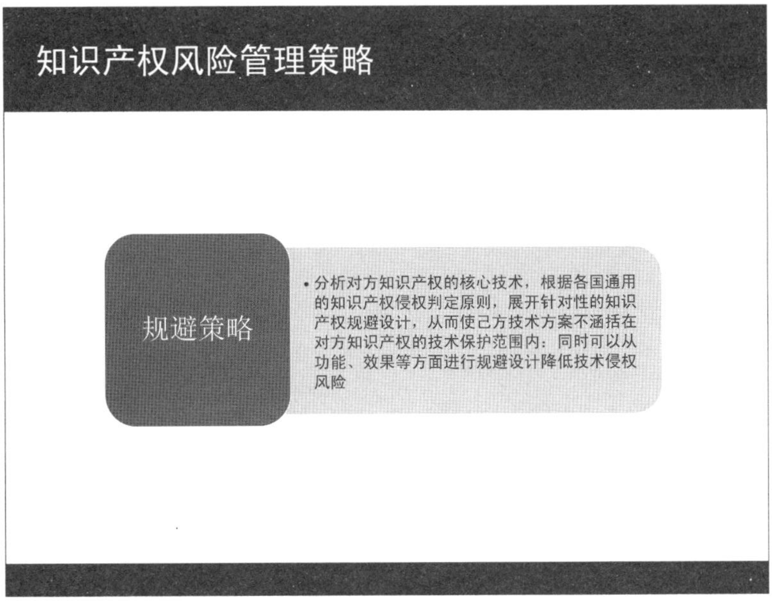
知识产权风险管理策略
规避策略
• 分析对方知识产权的核心技术，根据各国通用的知识产权侵权判定原则，展开针对性的知识产权规避设计，从而使己方技术方案不涵括在对方知识产权的技术保护范围内；同时可以从功能、效果等方面进行规避设计降低技术侵权风险

规避策略：规避策略是指在分析对方核心技术的过程中，通过知识产权侵权判定的原则，合理使用有关先用技术，规避、降低技术侵权的风险。

合作策略：在知识产权评估环节当中，知识产权的强弱、知识产权的布局，每个企业都有自身的特点，通过合作可以实现共赢，可以争取将知识产权风险较大的技术板块与相关方、目标相近方做到共赢合作，从而实现技术共享，降低知识产权风险。

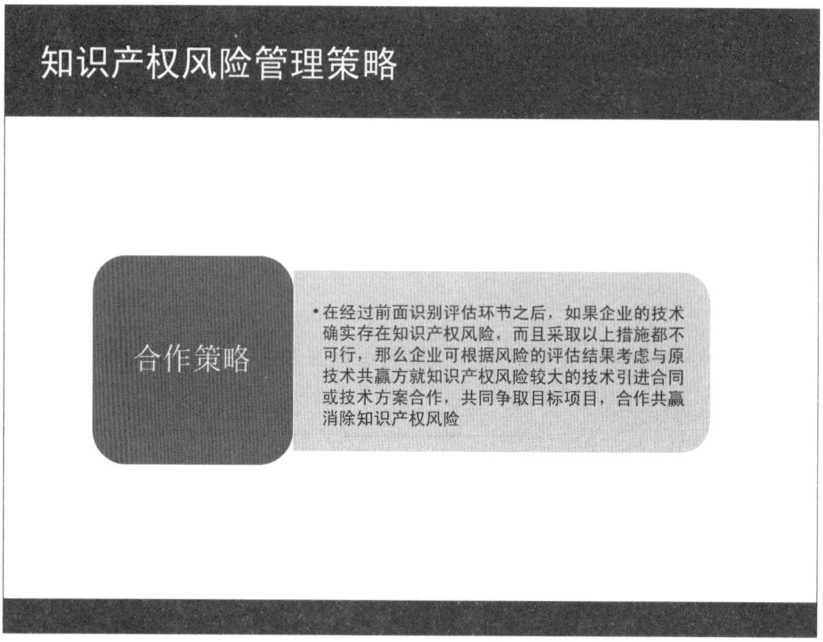
知识产权风险管理策略
合作策略
•在经过前面识别评估环节之后，如果企业的技术确实存在知识产权风险，而且采取以上措施都不可行，那么企业可根据风险的评估结果考虑与原技术共赢方就知识产权风险较大的技术引进合同或技术方案合作，共同争取目标项目，合作共赢消除知识产权风险

演讲人：王正志（高文律师事务所）

4.8　纠纷化解，保护“走出去”企业的核心利益

1. 化解纠纷的重点：法律风险防控

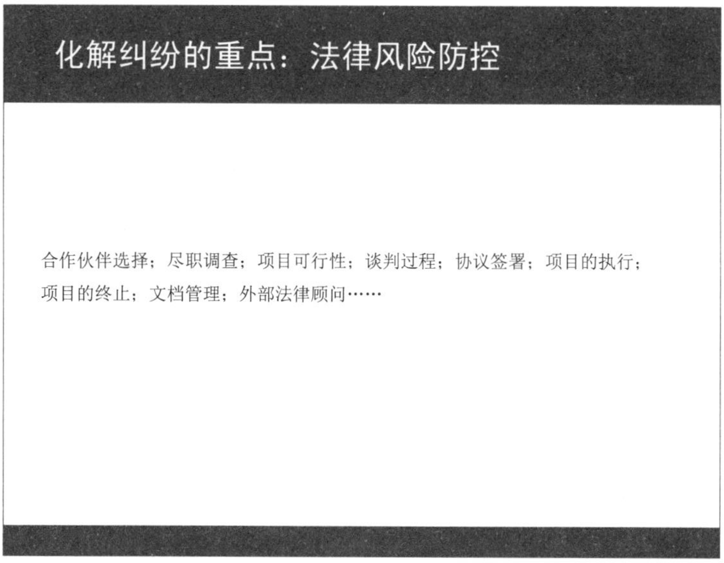
化解纠纷的重点：法律风险防控
合作伙伴选择；尽职调查；项目可行性；谈判过程；协议签署；项目的执行；
项目的终止；文档管理；外部法律顾问……

关于合作伙伴的选择，中国企业与其谈判的时候应深入调查合作伙伴的背景，在谈判过程，协议签署，项目的执行，项目的终止，文档管理等方面有效防控法律风险。

2. 化解纠纷的重要举措

我们怎么应对纠纷？以下是跨境诉讼和跨境国际仲裁的操作流程。

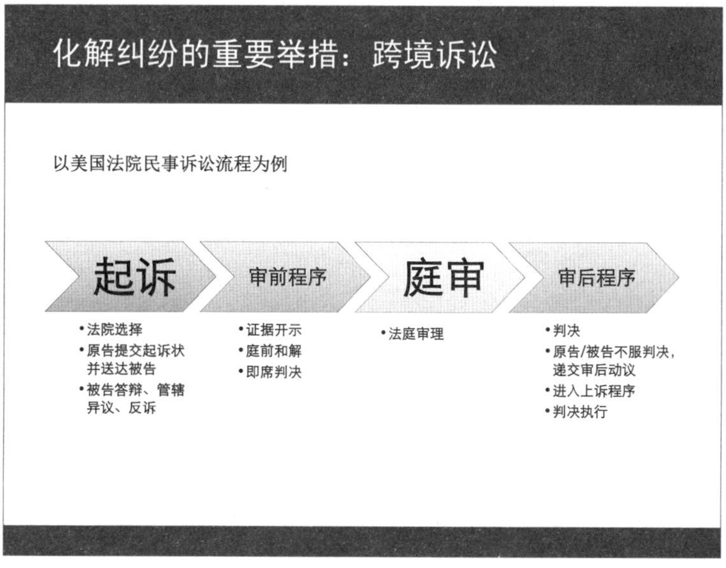
化解纠纷的重要举措：跨境诉讼
以美国法院民事诉讼流程为例
起诉
审前程序
庭审
审后程序
•法院选择
•原告提交起诉状并送达被告
•被告答辩、管辖异议、反诉
•证据开示
•庭前和解
•即席判决
•法庭审理
•判决
•原告/被告不服判决，递交审后动议
•进入上诉程序
•判决执行

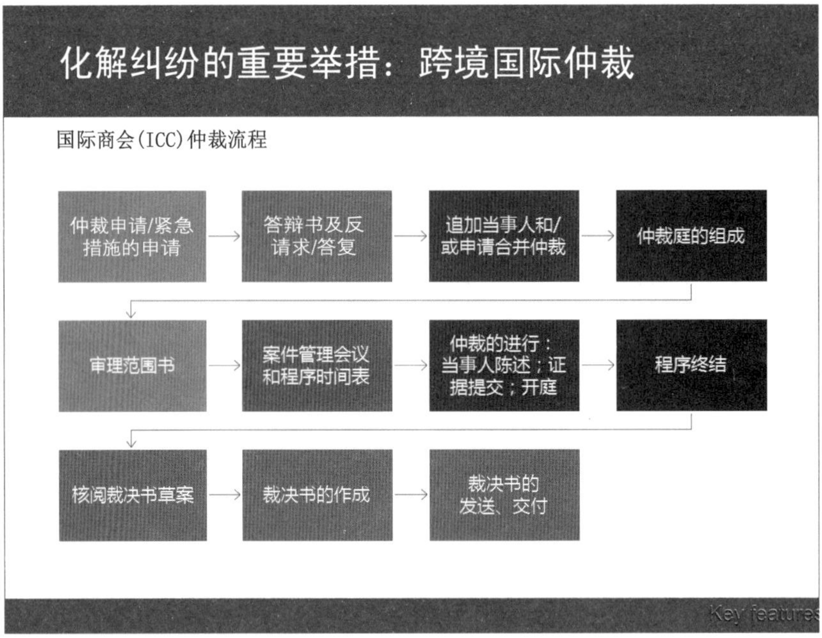
化解纠纷的重要举措：跨境国际仲裁
国际商会(ICC)仲裁流程
仲裁申请/紧急措施的申请
答辩书及反请求/答复
追加当事人和/或申请合并仲裁
仲裁庭的组成
审理范围书
案件管理会议和程序时间表
仲裁的进行：当事人陈述；证据提交；开庭
程序终结
核阅裁决书草案
裁决书的作成
裁决书的发送、交付

3. 中国律师在化解纠纷中的地位与作用

国际仲裁的环节很多，但是一个好的中国律师可以帮你做这几个阶段的工作。

第一，基本的策略和思路；第二，组织团队；第三，参与整个的代理过程，还有培训证人、出具法律意见，等等。

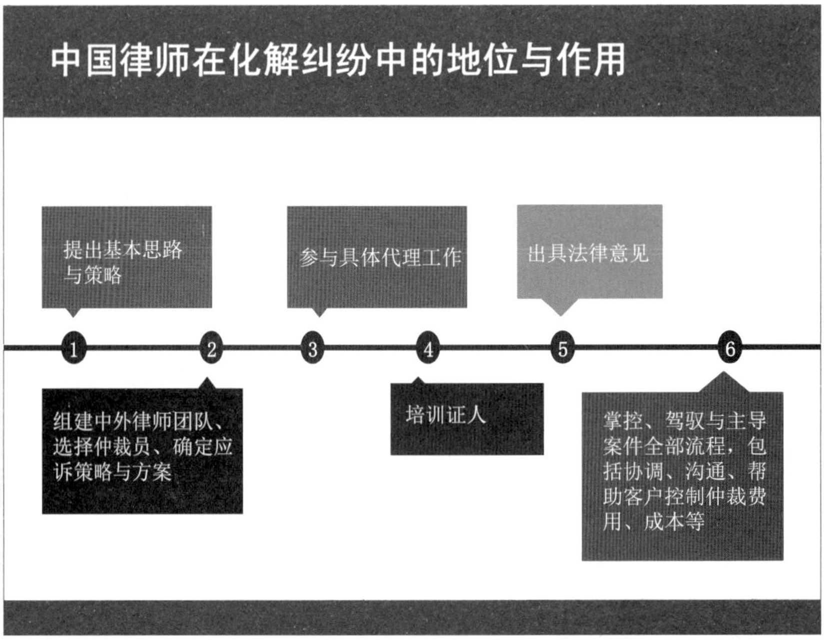
中国律师在化解纠纷中的地位与作用
提出基本思路与策略
参与具体代理工作
出具法律意见
1
2
3
4
5
6
组建中外律师团队、选择仲裁员、确定应诉策略与方案
培训证人
掌控、驾驭与主导案件全部流程，包括协调、沟通、帮助客户控制仲裁费用、成本等

4. 掌控、驾驭与主导纠纷处理的全部流程

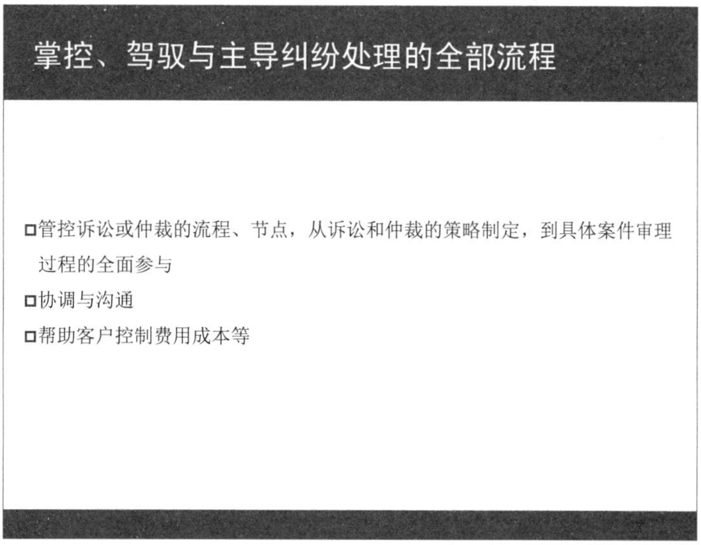
掌控、驾驭与主导纠纷处理的全部流程
□管控诉讼或仲裁的流程、节点，从诉讼和仲裁的策略制定，到具体案件审理过程的全面参与
□协调与沟通
□帮助客户控制费用成本等

掌控、驾驭、主导案件全部流程，包括协调沟通，包括帮助客户控制费用。

一般案子展开纠纷处理，境外的律师团是个大团队，经常召开电话会等，导致几十万元人民币甚至更高的费用，如果能控制电话会的谈判内容、时长及参与人数，费用就下来了，要特别强调的一点，掌控、驾驭、主导一定是中国律师来做，如果在境外找律师，企业法务哪怕再强，也很难做到全部控制。

5. 思考与建议

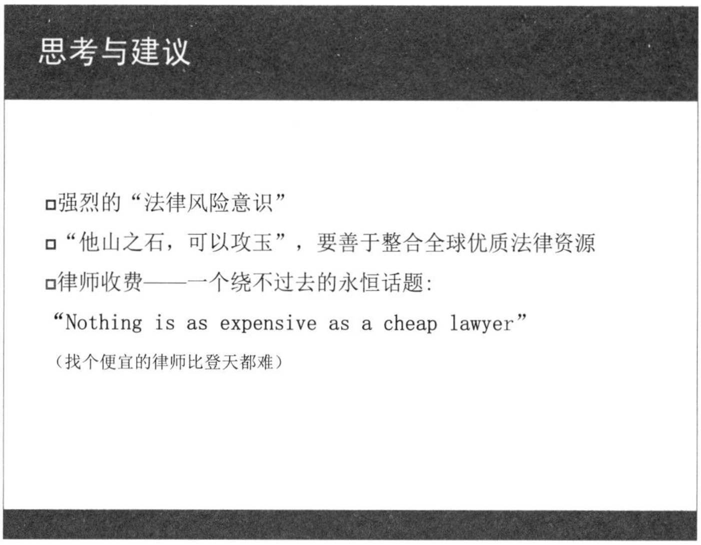
思考与建议
□强烈的“法律风险意识”
□“他山之石，可以攻玉”，要善于整合全球优质法律资源
□律师收费——一个绕不过去的永恒话题:
“Nothing is as expensive as a cheap lawyer”
（找个便宜的律师比登天都难）

演讲人：陈发云（国浩律师事务所）

4.9 社区风险考验中国企业海外可持续经营能力

中国企业对外投资当中面临的社区风险主要是发生在绿地投资和承包工程方面。

1. 什么是社区风险

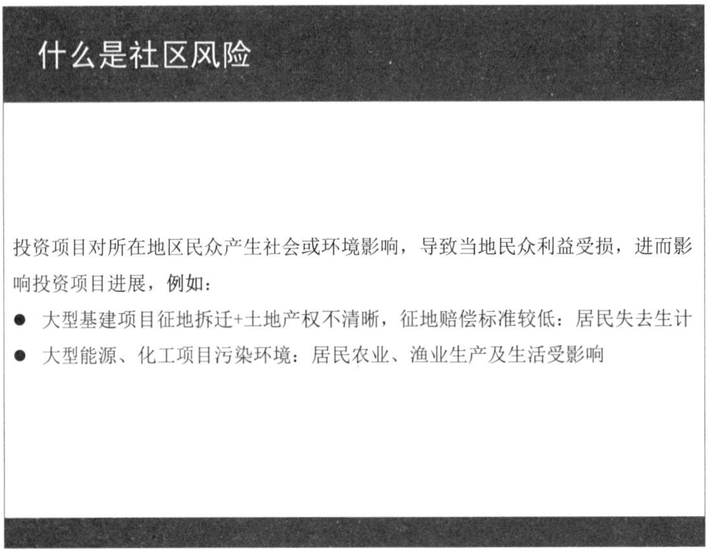
什么是社区风险
投资项目对所在地区民众产生社会或环境影响，导致当地民众利益受损，进而影响投资项目进展，例如：
● 大型基建项目征地拆迁+土地产权不清晰，征地赔偿标准较低：居民失去生计
● 大型能源、化工项目污染环境：居民农业、渔业生产及生活受影响

海外投资项目的社区风险主要集中在发展中国家的海外绿地投资方面，无论是投资项目、承包工程项目，还是其他经济活动，如果对所在地区民众产生社会或环境影响，导致当地民众利益受损，就会影响投资项目的进展。

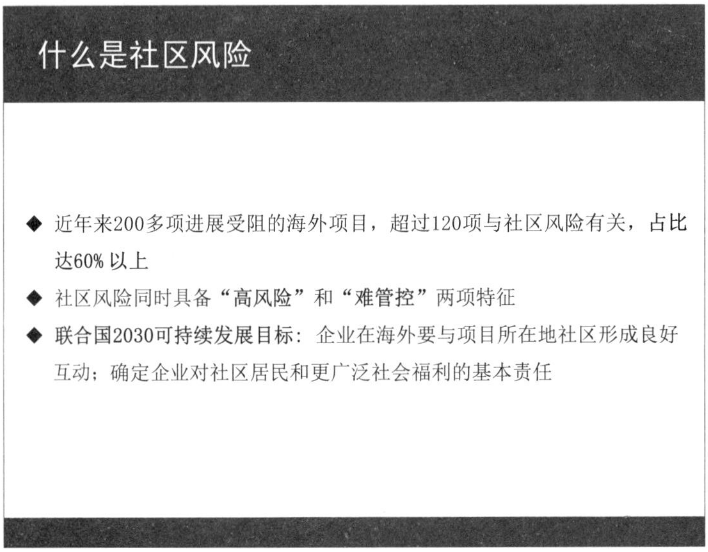
什么是社区风险
◆ 近年来200多项进展受阻的海外项目，超过120项与社区风险有关，占比达60%以上
◆ 社区风险同时具备“高风险”和“难管控”两项特征
◆ 联合国2030可持续发展目标：企业在海外要与项目所在地社区形成良好互动；确定企业对社区居民和更广泛社会福利的基本责任

近年来有 200 多项进展受阻项目，其中超过 120 项与社区风险有关，占比高达 60%。同时社区风险具备了“高风险”和“难管控”两个特征。2015 年联合国提出《2030 可持续议程》，明确要求企业在海外要与项目所在地区形成良好的互动，确定企业对社区民众和更广泛的社会福利的基础责任。

2. 为什么要重视社区风险

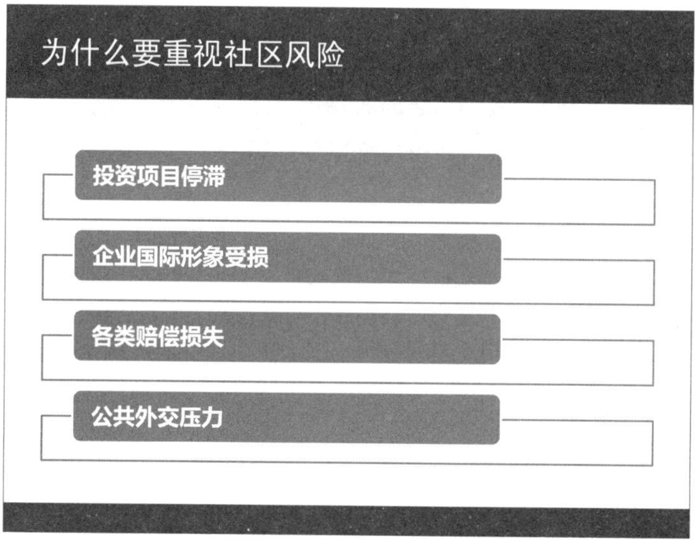
为什么要重视社区风险
投资项目停滞
企业国际形象受损
各类赔偿损失
公共外交压力

社区风险的高低影响海外项目能不能顺利进行，也会影响企业海外形象，与此同时企业也会面临各类损失的赔偿。最后，面临着公共外交的压力。

3. 社区风险的主要成因

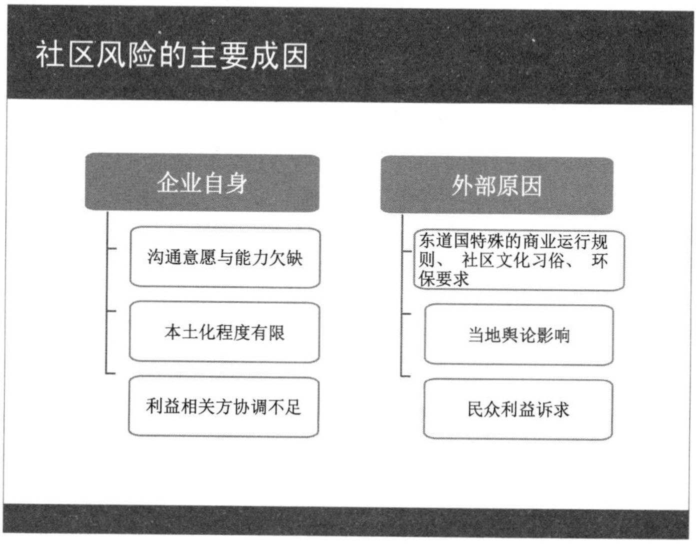
社区风险的主要成因
企业自身
沟通意愿与能力欠缺
本土化程度有限
利益相关方协调不足
外部原因
东道国特殊的商业运行规则、社区文化习俗、环保要求
当地舆论影响
民众利益诉求

海外投资的社区风险主要是两方面：一是企业自身，二是外部原因。企业自身有几个方面，一是沟通意愿与能力的欠缺，二是本土化的程度有限，三是利益相关方的协调不足。

外部原因大概集中在三个方面：一是东道国特殊的商业运行规则、社区文化习俗和环保的要求。二是当地舆论的影响。当地舆论的影响同时也包括了非政府组织（NGO）的影响。第三个方面是民众利益的诉求。

4. 常见社区风险举例

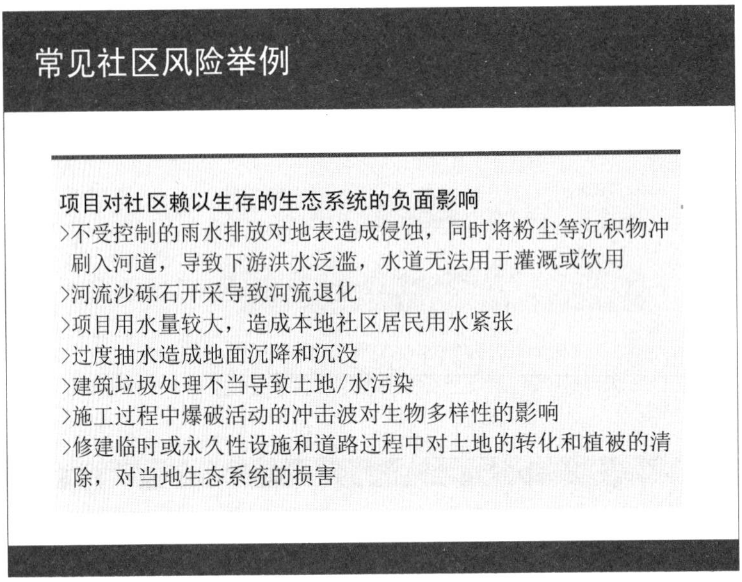
常见社区风险举例
项目对社区赖以生存的生态系统的负面影响
>不受控制的雨水排放对地表造成侵蚀，同时将粉尘等沉积物冲刷入河道，导致下游洪水泛滥，水道无法用于灌溉或饮用
>河流沙砾石开采导致河流退化
>项目用水量较大，造成本地社区居民用水紧张
>过度抽水造成地面沉降和沉没
>建筑垃圾处理不当导致土地/水污染
>施工过程中爆破活动的冲击波对生物多样性的影响
>修建临时或永久性设施和道路过程中对土地的转化和植被的清除，对当地生态系统的损害

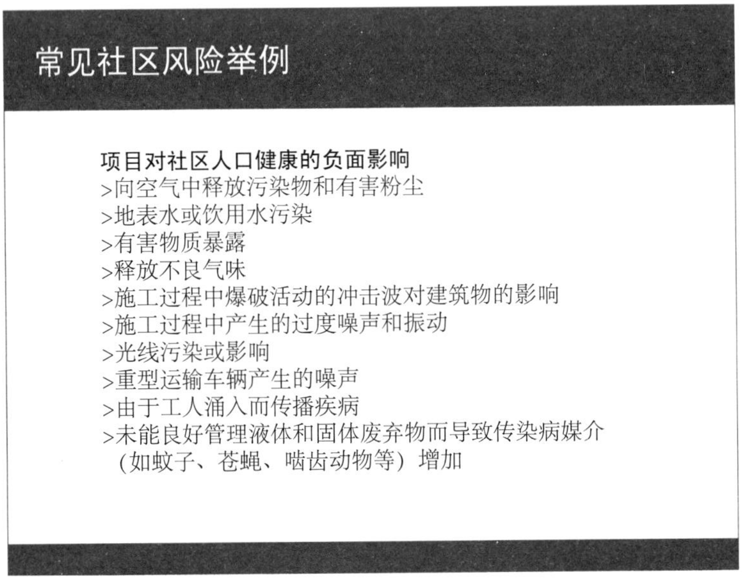
常见社区风险举例
项目对社区人口健康的负面影响
>向空气中释放污染物和有害粉尘
>地表水或饮用水污染
>有害物质暴露
>释放不良气味
>施工过程中爆破活动的冲击波对建筑物的影响
>施工过程中产生的过度噪声和振动
>光线污染或影响
>重型运输车辆产生的噪声
>由于工人涌入而传播疾病
>未能良好管理液体和固体废弃物而导致传染病媒介（如蚊子、苍蝇、啮齿动物等）增加

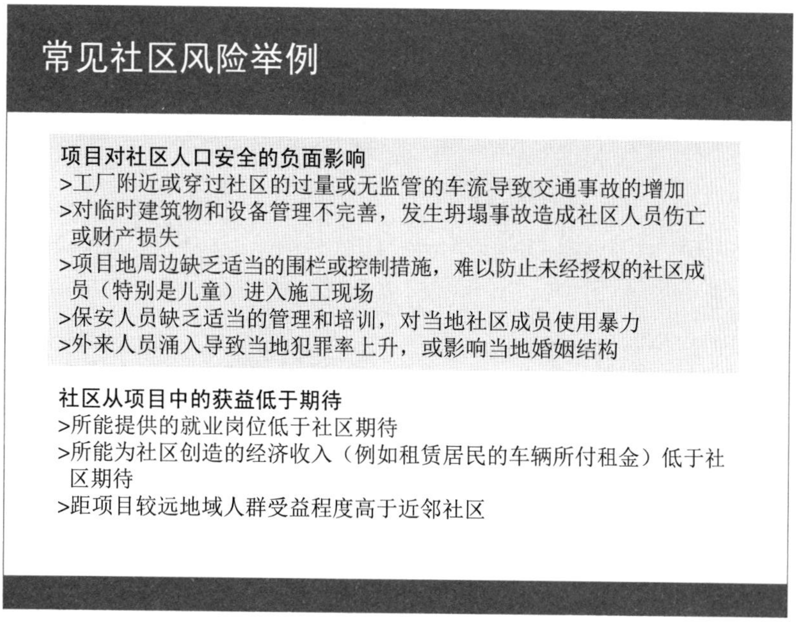
常见社区风险举例
项目对社区人口安全的负面影响
>工厂附近或穿过社区的过量或无监管的车流导致交通事故的增加
>对临时建筑物和设备管理不完善，发生坍塌事故造成社区人员伤亡或财产损失
>项目地周边缺乏适当的围栏或控制措施，难以防止未经授权的社区成员（特别是儿童）进入施工现场
>保安人员缺乏适当的管理和培训，对当地社区成员使用暴力
>外来人员涌入导致当地犯罪率上升，或影响当地婚姻结构
社区从项目中的获益低于期待
>所能提供的就业岗位低于社区期待
>所能为社区创造的经济收入（例如租赁居民的车辆所付租金）低于社区期待
>距项目较远地域人群受益程度高于近邻社区

常见海外投资项目社区风险，一是项目对社区赖以生存的生态系统的负面影响，二是项目对社区人口健康的负面影响，三是项目对人口安全的负面影响，四是社区从项目中的获益低于预期，所有这些都会带来社区风险。

5. 如何防范社区风险

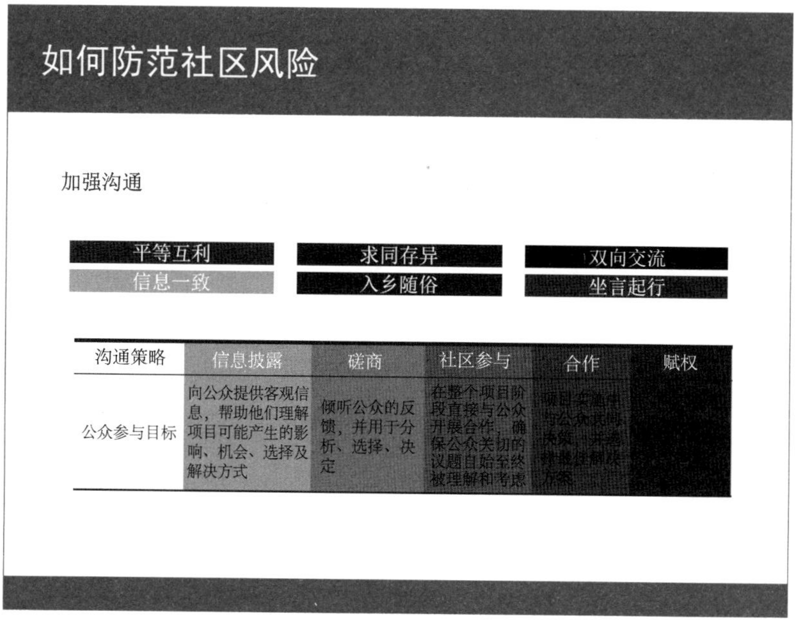
如何防范社区风险
加强沟通
平等互利
信息一致
求同存异
入乡随俗
双向交流
坐言起行
沟通策略
信息披露
磋商
社区参与
合作
赋权
公众参与目标
向公众提供客观信息，帮助他们理解项目可能产生的影响、机会、选择及解决方式
倾听公众的反馈，并用于分析、选择、决定
在整个项目阶段直接与公众开展合作，确保公众关切的议题自始至终被理解和考虑

如何管控社区风险？主要是加强沟通，加强沟通应该是本着平等互利、求同存异、双向交流、信息一致、入乡随俗等原则。基本要求是能够实现信息的披露。其次是磋商，社区参与合作。最后是赋权，如果比较彻底地把这几项工作落实到位，社区风险可以大幅度降低。

还有社区的联络官员，我们跟大家分享一个中海油在乌干达的例子。

中海油乌干达 Kingfisher 项目设立了一个社区联络官，明确其职责就是主张权利利益，监督现场作业，处理外部投诉，组织信息共享，管理社区投诉，反馈意见建议。有了这样一个官员的岗位对项目顺利进行非常有帮助，跟当地的和谐交流能够实现一个互利共赢和良性的互动。

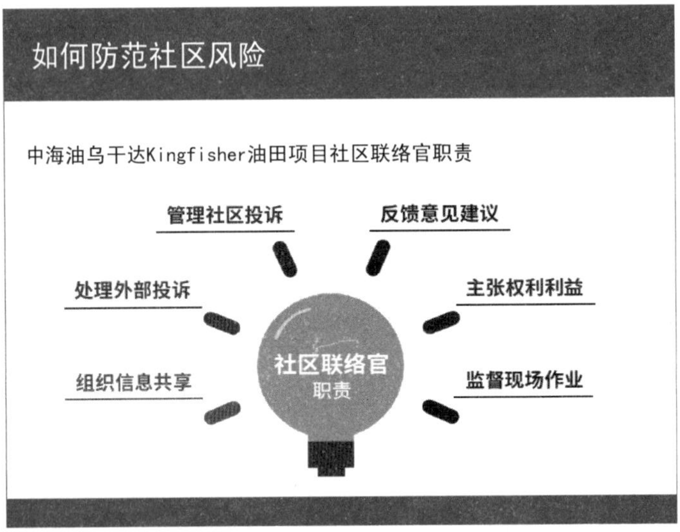
如何防范社区风险
中海油乌干达Kingfisher油田项目社区联络官职责
管理社区投诉
反馈意见建议
处理外部投诉
主张权利利益
组织信息共享
监督现场作业
社区联络官
职责

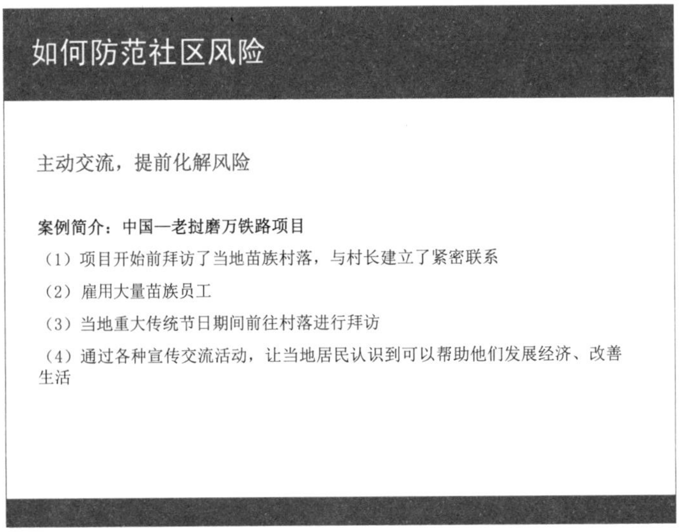
如何防范社区风险
主动交流，提前化解风险
案例简介：中国—老挝磨万铁路项目
（1）项目开始前拜访了当地苗族村落，与村长建立了紧密联系
（2）雇用大量苗族员工
（3）当地重大传统节日期间前往村落进行拜访
（4）通过各种宣传交流活动，让当地居民认识到可以帮助他们发展经济、改善生活

社区风险可以通过主动交流来提前化解。很多项目如果能够把投资方的诉求愿望等方面很好地跟当地进行交流沟通，当地的民众社区，包括当地的舆论是能够理解和支持的。

演讲人：梁桂宁（商务部研究院对外投资合作研究所）

4.10 “一带一路”建设中人员安全风险新动向

“一带一路”建设中人员安全风险新动向谈三个问题，一是恐怖主义可能再掀小高潮，二是对“孟晚舟现象”须高度警惕，三是高层人员面临威胁加大。

1. 暴恐袭击可能再掀小高潮

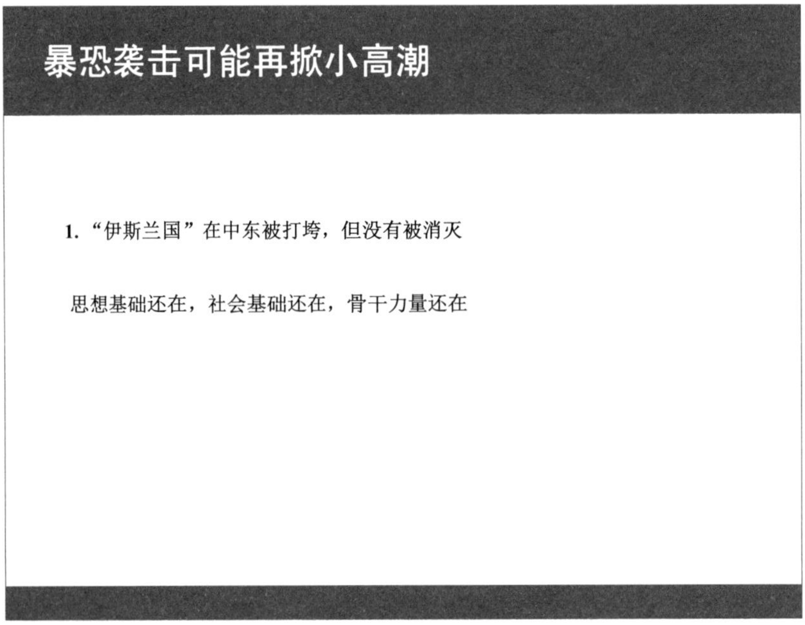
暴恐袭击可能再掀小高潮
1. “伊斯兰国”在中东被打垮，但没有被消灭
思想基础还在，社会基础还在，骨干力量还在

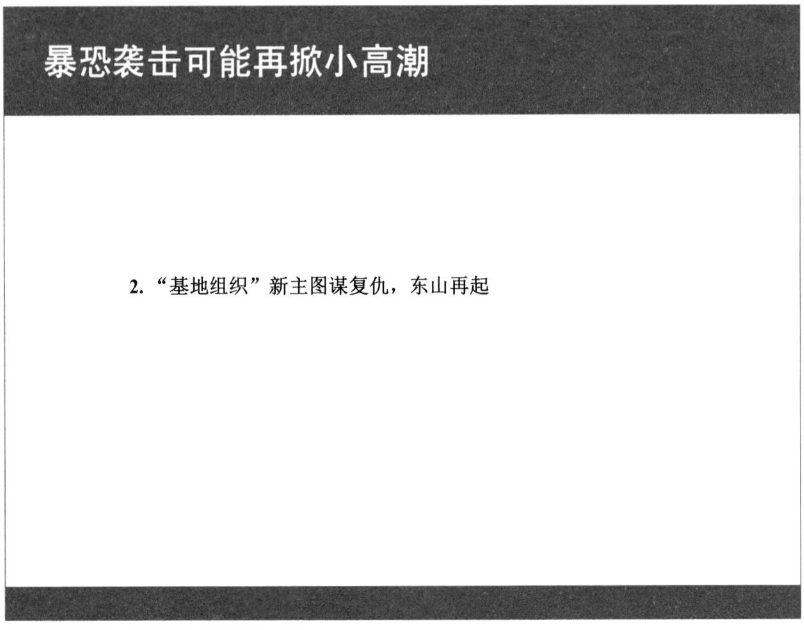
暴恐袭击可能再掀小高潮
2. “基地组织”新主图谋复仇，东山再起

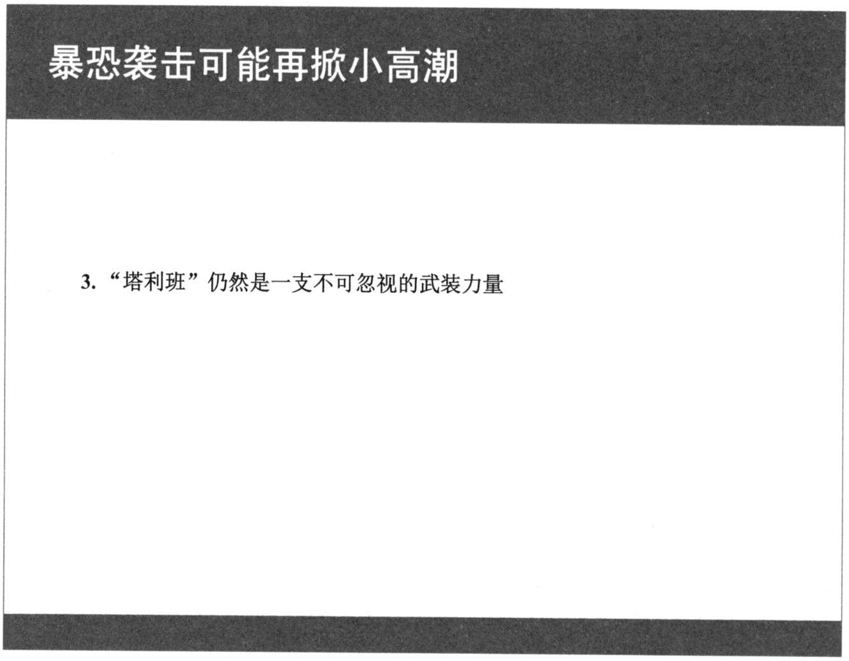
暴恐袭击可能再掀小高潮
3. “塔利班”仍然是一支不可忽视的武装力量

三大恐怖武装的关系相互竞争，都想展示自己是最有影响力的，必将推动恐怖袭击上一个小高潮，恐怖袭击的烈度和频度在未来的某个时间可能会升高。

有意思的是，恐怖主义的风险和大国之间竞争的风险交织在一起，情况愈加复杂。

2. 对“孟晚舟现象”须高度警惕

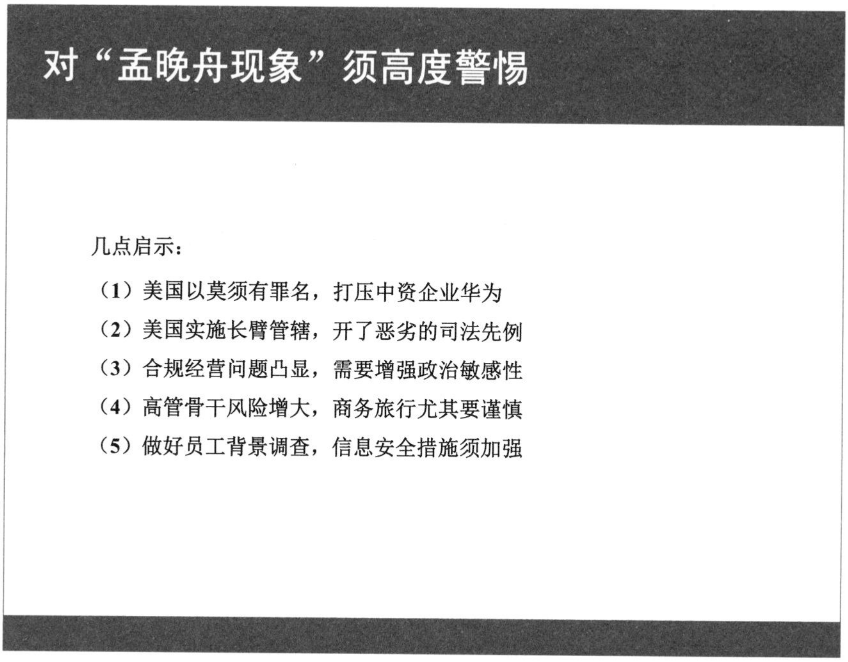
对“孟晚舟现象”须高度警惕
几点启示：
（1）美国以莫须有罪名，打压中资企业华为
（2）美国实施长臂管辖，开了恶劣的司法先例
（3）合规经营问题凸显，需要增强政治敏感性
（4）高管骨干风险增大，商务旅行尤其要谨慎
（5）做好员工背景调查，信息安全措施须加强

2018 年 12 月 1 日，华为公司首席财务官孟晚舟在加拿大过境的时候被捕，理由是加方因美国依据双边引渡条约要求这样做。经过 4 天保释听证会，美国司法部正式申请引渡孟晚舟，孟晚舟的律师 4 日对加拿大政府、加拿大边境服务局和皇家骑警提起诉讼，这个事情仍在进行中。

3. 高层人员面临威胁加大。

以下是两个案例：

案例 1，2015 年 11 月 21 日，中铁建国际集团三位高管在马里丽笙酒店发生的恐怖袭击中不幸遇难。

案例 2，2018 年 2 月 5 日，中远海运集团驻巴基斯坦总经理在卡拉奇遭枪手袭击，不幸身亡。

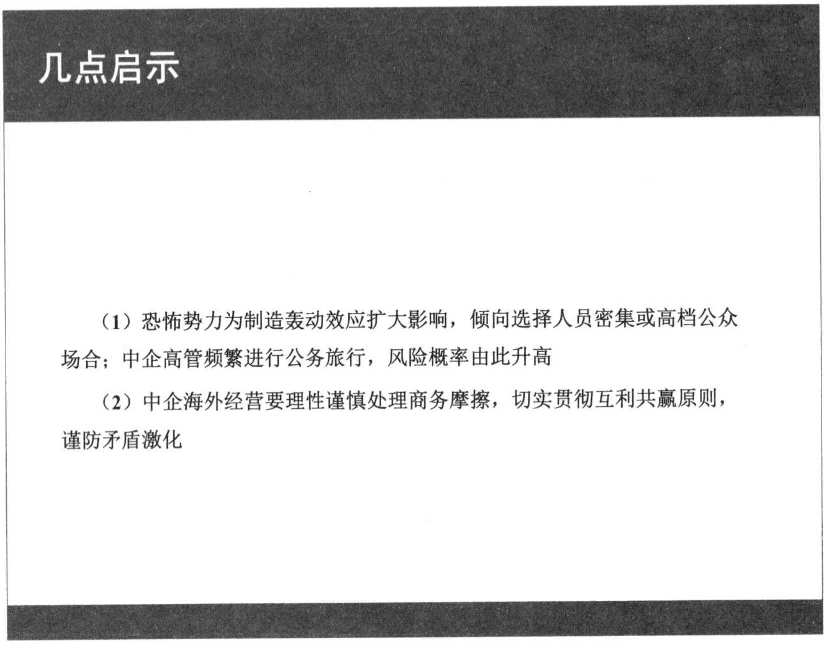
几点启示
（1）恐怖势力为制造轰动效应扩大影响，倾向选择人员密集或高档公众场合；中企高管频繁进行公务旅行，风险概率由此升高
（2）中企海外经营要理性谨慎处理商务摩擦，切实贯彻互利共赢原则，谨防矛盾激化

中远海运高管在巴基斯坦被枪击，据我所知就是因为商务纠纷，在处理和巴基斯坦当地合作伙伴关系的过程中，没有把控住矛盾，没有注意到矛盾激化的风险，导致最后丧生。

几点启示

（3）海外中企高管安全观念和风险意识薄弱。在高危地区酒店谈业务是大忌，高管出行没有情报支撑是严重疏忽。外出不带持枪保安是严重违规行为

（4）确保人员和财产安全，必须把高管护卫纳入视野。有关部门需要在制度设计上考虑到高管商务旅行安全；安管部经理必须为高管出行提供强有力的情报支撑；海外中企安全培训，高管不能缺席

演讲人：王在邦（保合风险管理咨询（北京）有限公司）

第 5 部分

分论坛嘉宾演讲

二维码编号	题目	单位	演讲人
2019 全球投资服务论坛			
	“一带一路”新形势与国际产能合作新机遇	中国国际贸易学会专家委员会	李永
	政府服务企业“一带一路”走出去的新思维	河北省发展和改革委员会	乔晓林
	驻华使馆是中国企业海外投资的重要通道	波中商务联合会	谢唐永
	孟加拉国：机会之地	孟加拉国驻华使馆	M 法兹勒·卡里姆
	新形势下海外园区服务中国企业的新举措	中非泰达投资股份有限公司	刘億
	合规和出口管制是企业境外投资的基本意识	中伦律师事务所	张国勋
	海外并购中的法律与保险服务	意大利马泽斯基有限公司	马意峰
	走进非洲，跨国财务平台可以先行布局	毛里求斯 DTOS 有限公司	陈艳青
	第三方平台为“走出去”企业赋能	江泰投资贸易服务	项菁

二维码编号	题目	单位	演讲人
	全球贸易纠纷下原产地证明新动向	中国国际贸易促进委员会	明瑶华
	生产制造企业在海外应对环保挑战的实践	越南 Vinacontrol 环境咨询评估	德兰提万
	实现“一带一路”人才本地化的解决思路	华坚集团	张颖
	从风险识别开始“一带一路”安保服务新思维	四海巡者	陈征
	北斗开启全球时代，新服务和新机会	中国卫星导航系统管理办公室	王莉
	民营企业全球资源配置的探索	玖地集团	何育文
	加强“走出去”企业软实力建设，化挑战为机遇	中国农业机械工业协会	李有吉
	投资南亚：风险、机遇与展望	印中经济文化促进会	穆罕默德·萨奇夫
	北美自由贸易协议带给中国企业的机会	加拿大佳盛投资集团	周永达

二维码编号	题目	单位	演讲人
2019 全球救援服务论坛			
	公民海外安全的国家责任与社会共建	领事保护专家	杨建初
	“一带一路”企业与人员的安全风险防范的挑战与机遇	中国灾害防御协会	赵阿兴
	专业安防服务与“走出去”企业的安全保障	北京安诚国际安保有限公司	阿特·约瑟夫·杜阿
	满足多元化旅行需求的差异化安全保障	三狮国际实业有限公司	罗颖
	科技助力救援赋能保险新能力	中国平安财产保险股份有限公司	曹六一
	海量中国公民出境　救援服务如何保障	EMA 全球	陈玟菘
	面向“一带一路”的医疗转运救援服务新特征	北京华助旅行援助服务有限公司	穆瑞恩
	法律援助是快速解决海外旅行纠纷的关键	马来西亚 GLT 律师事务所	李勇捷
	星使点亮异域迷途同胞安享海外之旅	德国英泰公司	蔺松

二维码编号	题目	单位	演讲人
	“大救星全球救援云平台”创新全球救援服务	江泰救援服务有限公司	陈洁
	聚焦“一带一路”安保护航，共话企业与公民“走出去”安全新保障	圆桌对话	
2019 驻华使馆投资促进论坛			
	国家投资促进演讲	埃塞俄比亚驻华使馆	葛乃天
		津巴布韦驻华使馆	穆嘎布库·斯本瑟·杜比
		法国驻华使馆	艾瑞莲
		匈牙利驻华使馆	柯俊贤
		波兰驻华使馆	戈瑞克
		越南驻华使馆	阮得成
		哈萨克斯坦国家投资局	札纳特

<table>
<tr><th>二维码编号</th><th>题目</th><th>单位</th><th>演讲人</th></tr>
<tr><td></td><td rowspan="3">国家投资促进演讲</td><td>乌拉圭驻华使馆</td><td>帕乌拉・雷佩托・阿梅斯托</td></tr>
<tr><td></td><td>坦桑尼亚 KKB 律所</td><td>尼吉尔・巴瓦纳</td></tr>
<tr><td></td><td colspan="2">圆桌对话</td></tr>
<tr><td colspan="4">2019 中国海外园区招商信息发布</td></tr>
<tr><td></td><td>越南</td><td>BW 工业发展</td><td>陈楚鸿</td></tr>
<tr><td></td><td>越南</td><td>DEEP C 工业区</td><td>黄文胜</td></tr>
<tr><td></td><td>越南</td><td>仁会工业园</td><td>徐丰培</td></tr>
<tr><td></td><td>马来西亚</td><td>巴生港自由贸易区（PKFZ）</td><td>拿督翁忠义</td></tr>
<tr><td></td><td>柬埔寨</td><td>大成巴域经济特区</td><td>张泰城</td></tr>
<tr><td></td><td>墨西哥</td><td>华富山工业园</td><td>吴广云</td></tr>
</table>

二维码编号	题目	单位	演讲人
	尼日利亚	莱基自贸区	赖四清
	白俄罗斯	中白工业园	李潇潇
	埃及	中埃曼凯纺织产业园	熊易辉
	乌兹别克斯坦	乌兹别克吉扎克园区	刘羽
	“走出去”企业、海外园区双向选择经验分享	圆桌论坛	